Cuba Socialista

Apuntes para una contextualización de la realidad cubana del siglo XXI

Colección de Artículos

Printed in the U.S.A.

ISBN: 978-1460945445

ISBN-10:1460945441

La libertad intelectual es una tradición profundamente arraigada sin la cual nuestra cultura occidental dudosamente podría existir. Muchos intelectuales han dado la espalda a esta tradición, aceptando el principio de que una obra deberá ser publicada o prohibida, loada o condenada, no por sus méritos sino según su oportunidad ideológica o política. Y otros, que no comparten este punto de vista, lo aceptan, sin embargo, por cobardía (George Orwell).

Yo sé de un pesar profundo entre las penas sin nombre, la esclavitud de los hombres es la gran pena del mundo.

José Marti

Miedo a la Diferencia. El Socialismo en Cuba.

El pueblo es el cuerpo del Estado, y el Estado es el espíritu del pueblo. En la doctrina fascista, el pueblo es el Estado y el Estado es el pueblo.

La tiranía de los hermanos Castro (una genuina "dictablanda") ha hundido a la sociedad civil cubana en una "anarquía silenciosa", ha dividido consecuentemente a la familia cubana, ha desarraigado las instituciones fundamentales; ha sometido, doblegado, extirpado, aplastado a cuanto opositor se le ha enfrentado.

El socialismo en Cuba no es más que un corporativismo estatal totalitario y una economía *dirigista*, mientras su base intelectual plantea una sumisión de la razón a la voluntad y la acción, un nacionalismo fuertemente *identitario* con componentes *victimistas* que conduce a la violencia contra los que se definen como enemigos por un eficaz aparato de propaganda, un componente social interclasista, y una negación a ubicarse en el espectro político (izquierda o derecha).

El socialismo cubano está relacionado con la plutocracia, una especie de capitalismo de Estado o una variante chovinista del socialismo de Estado. Es una plutocracia disfrazada.

El pueblo es el cuerpo del Estado, y el Estado es el espíritu del pueblo. En la doctrina fascista, el pueblo es el Estado y el Estado es el pueblo.

Todo en el Estado, nada contra el Estado, nada fuera del Estado.

El socialismo cubano es una ideología política fundamentada en un proyecto de unidad monolítica denominado corporativismo, por ello exalta la idea de nación frente a la de individuo o clase; suprime la discrepancia política en beneficio de un partido único y los localismos en beneficio del centralismo; y propone como ideal la construcción de una utópica sociedad perfecta, denominada cuerpo social, formado por cuerpos intermedios y sus representantes unificados por el gobierno central, que este designa para representar a la sociedad.

Inculca la obediencia de las masas (idealizadas como protagonistas del régimen) para formar una sola entidad u órgano socio-espiritual indivisible. El socialismo en Cuba utiliza hábilmente los nuevos medios de comunicación y el carisma de un líder dictatorial en el que se concentra todo el poder con el propósito de conducir en unidad al denominado cuerpo social de la nación.

El socialismo en Cuba se caracteriza por su método de análisis o estrategia de difusión de juzgar sistemáticamente a la gente no por su responsabilidad personal sino por la pertenencia a un grupo. Aprovecha demagógicamente los sentimientos de miedo y frustración colectiva para exacerbarlos mediante la violencia, la represión y la propaganda, y los desplaza contra un enemigo común (real o imaginario, interior o exterior), que actúa de chivo expiatorio contra quien es desencadenada toda la agresividad de manera irreflexiva, logrando la unidad y adhesión (voluntaria o por la fuerza) de la población. La desinformación, la manipulación del sistema educativo y un gran número de mecanismos de encuadramiento social, vician y desvirtúan la voluntad general hasta desarrollar materialmente una *oclocracia,* la cual se constituye en la fuente esencial del carisma de liderazgo del caudillo y en consecuencia, en el principio de su legitimidad como líder.

El socialismo en Cuba es ante todo un nacionalismo exacerbado que identifica tierra, pueblo y estado con el partido y su líder.

El componente social del socialismo cubano pretende ser interclasista y anti-individualista: niega la existencia de los intereses de clase e intenta suprimir la lucha de clases con una política paternalista de sindicato vertical y único en el cual, tanto trabajadores como empresarios, obedecen las directrices superiores del gobierno, como en un ejército.

El nacionalismo económico, con autarquía y dirección centralizada se adaptaron como en una economía de guerra a la coyuntura de salida de las constantes crisis que lo acosan.

Es totalitario en la medida en que aspira a intervenir en la totalidad de los aspectos de la vida del individuo. Hannah Arendt entendía que la masificación de la sociedad contemporánea llevaba al individuo a la soledad, el terreno propio del terror, la esencia del gobierno totalitario. Se legitima afirmando la dependencia del individuo respecto al Estado, liberándole de esa manera de su miedo a la libertad (expresión de Erich Fromm). Su individualidad no tiene sentido, porque la realización de una persona sólo se entiende dentro de los vínculos sociales de los que el Estado es la culminación. Cualquier forma de acción individual o colectiva ajena a los fines del Estado es rechazada. No existen derechos individuales ni colectivos.

 En Cuba se lleva a cabo una «estatización» de todos los ámbitos de la vida: económica, social, política, cultural e ideológica. El encuadramiento social se efectúa con todos los medios de la propaganda, con adopción de uniformes y lenguaje militar y uso masivo de los símbolos y lemas patrióticos y doctrinantes. Las grandes concentraciones y movilizaciones colectivas de todo tipo buscan formar la conciencia unitaria, llegando a extremos curiosos, tales como el día de comer patatas que se instauró en Alemania...

Oclocracia

Educar VS Adoctrinar (leyendo a G. Le Bon).

En un país, la función de instituciones tales como la Educación, consiste en promover entre los ciudadanos una vida próspera y feliz.

Uno de los dogmas inquebrantables de la Democracia dice que "La Educación tiene el propósito de mejorar a los hombres".

Hoy queremos repensar esta idea, pues muchas veces, aunque aparentemente libertarias, no concuerdan con los datos brindados por la psicología y la experiencia.

La instrucción no hace al hombre más moral o más feliz, no cambia sus instintos ni sus pasiones hereditarias y, mal dirigida, puede convertirse en perjudicial antes que útil.

El actual Sistema de Enseñanza implantado en Cuba, lejos de educar a la juventud, la rebaja y la pervierte.

La Dictadura de la Isla, se jacta diciendo que ha hecho de Cuba un pueblo culto; pero datos estadísticos muestran, fehacientemente, que la criminalidad en una sociedad, aumenta con la "generalización de cierto método de instrucción", y que esta jactancia del actual gobierno, sólo forma parte de un marketing ideológico y barato para vender la idea de la "revolución".

La anarquía es la peor enemiga de la sociedad y la mayoría de sus adherentes, se reclutan con frecuencia entre los alumnos más destacados de las escuelas con este "método de instrucción", como ha ocurrido en muchos de nuestros países de Latinoamérica.

La experiencia nos ha enseñado que la educación es el único medio con que se cuenta para influir el alma de un pueblo.

Estadísticas, por ejemplo, demuestran que la criminalidad aumenta, sobre todo, entre los jóvenes en los que la escuela gratuita ha sustituido a la privada.[1]

Una instrucción bien dirigida y privada (el gobierno americano paga la escuela privada cristiana de mis hijas), puede proporcionar muy buenos y útiles resultados.

La buena instrucción no intentará jamás aumentar la moralidad, sino más bien, desarrollará las capacidades profesionales de los individuos. La moralidad es un aspecto del carácter que debe ser desarrollado en la cuna y luego en sus medios naturales, por medio de las relaciones sociales y profesionales de la persona, mientras aprende a convivir con los demás y a respetarlos. Los principios de la moral se fundan en el respeto al derecho ajeno…

¿Qué ha ocurrido en Cuba?

¿Qué le ocurrió a mi generación? –una generación que nace, es educada y se proyecta dentro de los límites y con el discurso de la "revolución". Aquellos que cada mañana debíamos repetir la consigna "Seremos como el Che", y otras humillaciones como la de pasar dos horas sufriendo delante de un examen frente a una prueba de "Fundamento de los Conocimientos Políticos", cuya profesora era Mayor de la Policía…, etc.

---

[1] En el siglo pasado en Francia, Adolphe Guillot, señalaba que existían en aquel momento, tres mil criminales cultos frente a mil analfabetos, y que, en cincuenta años, la criminalidad había aumentado de 227 por 100.000 habitantes a 552, es decir, en un 133%.

Desde hace más de cincuenta años, Cuba Socialista, hija, como hemos experimentado de "necesidades imperiosas", no sólo ha basado su sistema de educación en principios muy defectuosos, sino que persiste en lamentables errores y abusos de la conciencia individual de los niños.

Nuestra actual educación[2], transforma en enemigos de la sociedad (anarquistas) a un gran número de quienes la han recibido y recluta a muchos discípulos para las peores formas de socialismo.[3]

Este modelo de instrucción se basa, a priori, en un error psicológico fundamental -el cual pensadores cubanos como José Marti y José de la Luz y Caballero, este último suprimido de las aulas de las escuelas cubanas por el régimen, ya habían advertido-, creer que la recitación de manuales (marxistas-leninistas, en su mayoría) desarrolla la inteligencia.

Así, nuestros "educadores", ensayaron que aprendiéramos al máximo en este sentido y, desde la escuela primaria hasta el doctorado, no hicimos más que intentar asimilar el contenido de los libros (manuales), sin desarrollar jamás nuestro juicio e iniciativa. Para nosotros, la educación consistía en recitar y obedecer.

Poco a poco, generación tras generación en Cuba Socialista, procuraron, a toda costa, "lavarnos el cerebro". Es vergonzoso, no hay derecho. No estamos obligados a someter a nuestros hijos a tan vil ignominia...

"Aprenderse lecciones, saberse de memoria una gramática o un compendio, repetir bien, imitar bien, he aquí una educación en la que todo esfuerzo es un

---

[2] Véase Psicología del Socialismo, 7a ed. G. Le Bon.
[3] Le hemos nombrado "el mal de Robin Hood".

acto de fe ante la infalibilidad del maestro y que no tiene por resultado sino rebajarnos y volvernos impotentes".[4]

Veamos la realidad de Cuba de este modo, como la vio, en su tiempo, G. Le Bon en Francia.

Si esta educación fuese tan solo inútil, podríamos limitarnos a compadecer a los desdichados niños a los que, en lugar de tantas cosas necesarias, se ha preferido enseñarles la genealogía de los hijos de Clotario, como hacen las iglesias, las luchas de la Neustria y la Austracia, los fundamentos del marxismo y las clasificaciones zoológicas; pero ofrece el peligro, mucho más serio, de inspirar en quien la recibe un violento rechazo de la condición en la que ha nacido y un intenso deseo de salirse de la misma; un odio inconsciente a si mismo, expresado en algún tipo de competencia con su semejante en la escala social.

El obrero no quiere continuar siendo obrero, el campesino no desea ser un campesino, y el último de los nuevos burgueses (la élite gobernante) no ve para sus hijos otra carrera posible sino la de funcionario a sueldo del Estado (único Dueño y Empleador). Así, en lugar de formar hombres para la vida, la escuela, en Cuba Socialista, los ha preparado, casi exclusivamente, para ejercer funciones públicas[5] en las que el éxito no exige ninguna iniciativa.

Esta educación ha creado, en la parte inferior de la escala social, ejércitos de proletarios descontentos de su suerte y prestos siempre a la revuelta. (Esta misma "condición" imperaba en la Cuba del dictador Fulgencio Batista). En la

---

[4] Jules Simon.
[5] De estas "funciones públicas" de la nueva burguesía, hablaremos en capítulos posteriores.

parte superior, nuestra frívola nueva burguesía, a la vez escéptica y crédula, impregnada de una confianza supersticiosa en el Estado providencia (al cual, sin embargo, critica a escondidas). Esta Oligarquía dirigente[6], hija de una revuelta que incluyó asesinatos y terrorismo, es simplemente el brazo derecho del Gobierno totalitario para aplastar cualquier tipo de protesta o tan siquiera, el descontento popular. A la vez inculpa, como veremos más adelante, siempre al gobierno[7] de sus propias faltas, y es incapaz de emprender nada sin la autorización o intervención de la autoridad.[8]

Ojo, hermano, como dicen los argentinos, en Cuba, esta nueva burguesía, se ha apoderado de las instituciones del Estado y ha decidido mantener las cosas como están, a cualquier precio.

La verdadera enseñanza no surge del Manual o del Libro, sino del objeto mismo de estudio, es decir, de la propia naturaleza de las cosas. El ingeniero se forma en un taller y jamás en una escuela. El obrero y el capataz pueden llegar hasta el grado que sus aptitudes lo permitan. Este procedimiento es más útil y democrático, que hacer depender toda la carrera de un individuo, de un concurso, de un examen de más de dos horas de duración, sufrido a los dieciocho o veinte años.

---

[6] A la Oligarquía dirigente nos referiremos en el próximo capitulo.
[7] Las expresiones artísticas contestatarias como el movimiento de la Nueva Trova, cuyo objetivo consiste en crear una apariencia de libertad de opinión…
[8] Ejemplo: El actual "intercambio cultural" entre Cuba y Estados Unidos.

La Democracia Comunista y la Nueva Burguesía.

"La masa de indiferentes y neutros se ha convertido progresivamente en un ejército de descontentos…" (G. Le Bon. Psicología de las masas).

En la primera parte de CUBA SOCIALISTA, habíamos concluido que el actual sistema de enseñanza de Cuba, en lugar de educar a la juventud, la rebaja y la pervierte.

Evocando a la libertad, a la fraternidad y a la igualdad, el "gobierno revolucionario" pudo "instalar un despotismo digno del Dahomey, un tribunal semejante al de la Inquisición, hecatombes humanas parecidas" a las del comunismo en Europa Oriental.

Para la mayoría de los cubanos que viven en la Isla, la palabra Democracia ha significado, durante mucho tiempo, la desaparición de la voluntad y de la iniciativa del individuo ante las del Estado, el cual se encarga de dirigir, centralizar, monopolizar y fabricar. El Partido Comunista que mal gobierna a Cuba, se ha adueñado de esta "Maquinaria-Estado", usándola como una marioneta omnipotente, para aplastar cualquier intento de independencia individual; y usando la misma palabra "democracia", este gobierno ha tomado las riendas de la débil nación ahogándola en el silencio y la miseria. Así pretende, semejante dictadura, haber sido "impuesta democráticamente" por la mayoría, esa multitud sin nombre ni principios ni valor.

Los Castro y sus secuaces "secuestrados" han gastado el propio dinero del pueblo, entre otras cosas, comprando voluntades, apoyando y generando violencia en el mundo y, como resultado inevitable, cosechando una miseria inmerecida aun entre la multitud de "proletarios" que los "defienden".

Recuerdo como en la "bodega" de mi barrio aparecían las fotos de los falsos delegados, ambos del PCC, por supuesto. Imaginen, por ejemplo, las fotos de los compañeros (nuevos burgueses) Alexis Leyva (Kcho) o Silvio Rodríguez. No sabias si reír o llorar ante tanto cinismo y descaro.

La membresía en la nueva burguesía no es perpetua y no depende de cómo vayan los negocios, porque sus negocios son los negocios del régimen que controla las instituciones del Estado, sino que está ligada mediante una especie de "sumisión voluntaria" a la Dictadura. Así, la nueva burguesía, no es más que una Oligarquía, disimulada en el Socialismo Castrista por la palabra "dirigente"; "Oligarquía Dirigente".

Día a día, este puño de la Dictadura, beneficiario absoluto de su despojo y uno de los ejecutivos directos de la corrupción imperante en Cuba Socialista, se distancia más del pueblo al cual pretende representar en calidad de "delegados del pueblo"… Sólo falta que el pueblo despierte y se dé cuenta de quiénes son y qué hacen estos que los han encantado con canciones, programas de televisión, mentiras y falsos proyectos para que "se lancen sobre ellos y los despedacen".

Al mismo tiempo, esta "dictadura del proletariado" que ha usurpado y mantiene el poder de una manera despótica, conoce muy bien la fuerza de la multitud de hambrientos y desilusionados que llenan sus plazas y aplauden sus largos discursos a pleno sol. Fue la propia Oligarquía Dirigente la que salió a las calles como hienas feroces para intentar apagar la voz del descontento y del sufrimiento, la amargura y el desengaño de aquellos que una vez les "confiaron" su propio destino. Un acto inverosímil.

Mientras aumente el cinismo y las agresiones de esta "cúpula" gobernada y gobernante, la Oposición crecerá y se hará fuerte.

La historia ha demostrado que el gobierno paramilitar de la Isla, escogió el modelo socialista de economía porque, además de ser un fracaso, es el modelo que "funciona" para ocultar sus intereses verdaderamente monopolistas. De este modo la dictadura omnipotente se levanta sobre la dignidad mancillada de los ciudadanos y la voluntad comprada o sometida de "muchos".

Es doloroso, pero a la vez fue suerte inefable para todos los cubanos, que Orlando, Oscar, Coco, Flavio y todos los demás valientes, estén dispuestos a morir antes que vivir en cadenas, soportando afrentas y oprobios.

Democracia es, por el contrario, desarrollo intenso de la voluntad y del individuo, pasando a un segundo plano el Estado, al cual, aparte de la policía, el ejército y las relaciones diplomáticas, no se le deja dirigir nada, ni siquiera la instrucción pública.

Hordas Fascistas y la única alternativa del Régimen.

Con las consignas ahogándose en sus gargantas: "Esta calle es de Fidel", "Pin pon fuera, abajo la gusanera" y "Que se vayan", la Dictadura Comunista de Cuba, ha decidido "responder" a cualquier acto pacifico de oposición. Enarbolando la "guerra fantasma" sostenida por más de cincuenta años contra los Estados Unidos de América, este poder despótico y represivo, pretende JUSTIFICAR ante los ojos de todo el mundo sus propias aberraciones, crímenes, robos y mentiras. Pretende decirle –lo ha hecho ya– a la comunidad de las naciones que por culpa del embargo económico de Estados Unidos, ellos tienen derecho a reprimir, amordazar y hasta matar. Es que creen que los demás somos tontos…

Estas "hordas" son dirigidas por la Seguridad del Estado a través de los CDR y los Sindicatos. En el nombre de la Revolución, "citan" a los "ciudadanos" para reprimir cualquier intento de manifestación popular contra la Tiranía.

Tal pareciera que el propósito secreto del "Intercambio Cultural" sea el de generar una serie de protestas que "justifiquen" el derecho a protestar de las "hordas revolucionarias".

Parece que el derecho a matar y a reprimir está de moda en nuestro civilizado siglo veintiuno. Responder con violencia cuando faltan las ideas es pereza intelectual; PEREZA INTELECTUAL, algo en lo que el Régimen Totalitario de los Castro se regodea.

(Noten que mientras repiten en sus discursos la frase "Batalla de Ideas", al mismo tiempo, la policía política, chantajea y aterroriza a los opositores).

Los moviliza para sus actos fascistas, y al mismo tiempo los saluda cínicamente desde la tribuna.

Nunca el Régimen ha estado dispuesto ni tan siquiera a dialogar con la Oposición, a la cual ni la reconoce como tal, los ha nombrado "contrarrevolucionarios" para enmascarar la supresión del derecho suprimido.

Generación tras generación, los cubanos que no estamos de acuerdo, hemos tenido que "lidiar" con estos desalmados, con el vecino chivato en el barrio, la juventud comunista en la escuela, con el sindicato y el partido en el trabajo. Si se dan cuenta de que piensas diferente, te denuncian. La policía política te "abre" un expediente... Todos los cubanos conocemos los métodos de "corrección" que usa el gobierno de Cuba para aniquilar todo vestigio de oposición a su poder.

Incluso han "constitucionalizado" la antidemocracia con la idea de un solo Partido. Luego la dictadura quizá soltará algunos presos y nada más. Luego los volverá a encarcelar, y este es su juego. No habrá Prensa Independiente legalizada ni pluripartidismo político ni cambio alguno en el sistema de apartheid económico al que son sometidos los cubanos.

Mientras tanto, las hordas fascistas están preparadas para aplastar el descontento popular. Hordas organizadas por el despotismo del gobierno y llenas de "comunistas" que se han conformado con su propia miseria y se la imponen a los demás. Turbas formadas por funcionarios del gobierno, de la aduana y trabajadores del turismo.

Ciudad Habana – Jaime Prendes Montes

El Estado Injusto.

¿Qué es un Estado? ¿Es, acaso, como lo define Max Weber, una unidad de carácter institucional que en el interior de un territorio monopoliza para sí el uso de la fuerza legal? El creía que por ello se hallan dentro del Estado instituciones tales como las fuerzas armadas, la administración pública, los tribunales y la policía, asumiendo pues el Estado las funciones de defensa, gobernación, justicia, seguridad y otras como las relaciones exteriores.

Los Estados y soberanías que han tenido y tienen autoridad sobre los hombres, fueron y son, o repúblicas o principados.[9]

Estado no es Gobierno, pues este es sólo la parte generalmente encargada de llevar a cabo las funciones del Estado delegando en otras instituciones sus capacidades. El Gobierno también puede ser considerado como el conjunto de gobernantes que, temporalmente, ejercen cargos durante un período limitado dentro del conjunto del Estado.

Estado tampoco equivale totalmente al concepto, de carácter más ideológico, de "Nación", puesto que se considera posible la existencia de naciones sin Estado y la posibilidad de que diferentes naciones o nacionalidades se agrupen en torno a un solo Estado. Comúnmente los Estados forman entes denominados "Estado Nación" que aúnan ambos conceptos, siendo habitual que cada nación posea o reivindique su propio Estado.

---

[9] Maquiavelo, *El Príncipe.*

Un Estado "tiene" la capacidad de externalizar su poder, es decir, obtener el reconocimiento de otros Estados; tiene la capacidad de institucionalizar su autoridad: significa la creación de organismos para imponer la coerción, como por ejemplo, las fuerzas armadas, escuelas y tribunales; tiene la capacidad de diferenciar su control. esto es, contar con un conjunto de instituciones profesionalizadas para aplicaciones específicas, entre las que son importantes aquellas que permiten la recaudación de impuestos y otros recursos de forma controlada; tiene la capacidad de internalizar una identidad colectiva, creando símbolos generadores de pertenencia e identificación común, diferenciándola de la identidad de otro Estado; por ejemplo, teniendo himno y bandera propia.

A esta dinámica de funcionamiento se le ha llamado "Estatidad", referida a ciertos atributos para el funcionamiento que un Estado ha adquirido con el paso del tiempo.[10]

El Estado cubano es una unidad política, que busca un fin social determinado y, por tanto, es una organización humana y no un ente omnipotente que existe por y para el bien común. El Estado cubano, a medida que ha desplegado sus funciones, se ha convertido en una estructura dotada de una fuerza que no respeta los derechos fundamentales del hombre. Tal "Estado" no es sino una falsedad del principio, porque en la práctica, se contradice con las necesidades que animaron a los hombres a fundarlo. El sueño de los padres fundadores, fue el de una República Liberal

---

[10] Oscar Oszlak.

que gozara de un verdadero Estado de Derecho que protegiera las libertades de sus ciudadanos y que procurara la prosperidad y la dignidad.

A la Cuba de hoy bien le sirven las palabras de Agustín de Hipona en *La Ciudad de Dios*: "Desterrada la justicia, ¿qué son los reinos sino grandes latrocinios? Y éstos, ¿qué son sino pequeños reinos? También éstos son una junta de hombres gobernada por su príncipe, ligada por un pacto de sociedad, que se reparte su botín conforme a las leyes que establecieron".

"Existe una diversidad de agrupaciones humanas que emplean la fuerza. Sólo que algunas de ellas son Estados ("reinos") y otras, en cambio, no son tales, sino más bien, por ejemplo, latrocinios; se puede agregar: agrupaciones de piratas, de conquistadores, de banqueros armados, de esclavistas o, en general, agrupaciones no estatales dotadas de fuerza. Dado que **todas ellas se apoyan en el uso de la fuerza,**[11] el criterio para distinguir unas de otras no puede ser sólo la fuerza como medio de acción, sino que también **el fin que persiguen y los principios según los cuales actúan**. Si se prescinde de estos criterios no será posible ya distinguir unas de otras, sino que habrá confusión. Y esto resultaría en una identificación falsa de lo que es distinto, ocultamiento".

"Si una agrupación de seres humanos dotada de fuerza no se ajusta a principios fundamentales de justicia y bondad, si no se orienta a impulsar el desarrollo de las capacidades humanas básicas, sino sólo, por ejemplo, a realizar el bienestar material del grupo dominante, entonces no habrá propiamente Estado, sino otro tipo de agrupación, de las que corresponden al

---

[11] Las **negritas** son nuestras.

género "agrupaciones humanas dotadas de fuerza", pero no un Estado. Estos 'gremios' no son propiamente un Estado, aunque pretendan, en la práctica, adquirir la apariencia de Estado, porque se apoyan también en la fuerza y porque han sido 'organizadas' a gran escala". Esta comunidad humana dotada de fuerza puede dar la apariencia de Estado, pero no es sino un grande latrocinio.

El Estado debe buscar, mediante sus instituciones, el desarrollo pleno del individuo. "Si un Estado comienza a atentar gravemente contra los bienes humanos fundamentales, mata, roba y oprime a los débiles, en él los poderosos gobiernan para provecho propio, entonces se puede decir que esa agrupación pierde, parcial o totalmente, su carácter de Estado, hasta llegar a volverse otro tipo de agrupación dentro del género **agrupaciones humanas dotadas de fuerza**".

Cuando un "Estado" se convierte en una "agrupación dotada de fuerza opresiva" incapaz de 'establecer la paz' sin apoyarse en medios violentos; Cuando las grandes "ideas sociales" exigen una centralización del poder llamada "Socialismo" y un aniquilamiento del individuo ante los requerimientos de la masa, estamos viviendo –la historia lo ha demostrado vez tras vez- un genocidio.

El anarquismo sostiene que el Estado es la estructura de poder que pretende tener el monopolio del uso de la fuerza sobre un territorio y su población, y que es reconocido como tal por los estados vecinos. Los elementos más aparentes que señalan del poder del Estado son: el control de fronteras; la recaudación de impuestos; la emisión de moneda; un cuerpo de policía y un ejército de bandera común; un sistema burocrático administrado por trabajadores funcionarios.

El anarquismo critica la falsa ostentación de la seguridad, defensa, protección social y justicia de la población; ejerciendo en realidad un gobierno obligatorio y violentando la soberanía individual y la no coacción. Los anarquistas señalan que el Estado es una institución represora para mantener un orden económico y de poder concreto vinculado al poder público. Le atribuyen al Estado buena parte de los males que aquejan a la humanidad contemporánea como la pobreza, crisis económicas, las guerras y la injusticia social.

Por su parte los marxistas afirman que cualquier Estado tiene un carácter de clase, y que no es más que el aparato armado y administrativo que ejerce los intereses de la clase social dominante. Por tanto aspiran a la conquista del poder político por parte de la clase trabajadora, la destrucción del Estado *burgués* y la construcción de un necesario Estado obrero como paso de transición hacia el socialismo y el comunismo, una sociedad donde a largo plazo no habrá Estado por haberse superado las contradicciones y luchas entre las clases sociales. Se discute sobre la viabilidad de la eliminación de las condiciones de la existencia burguesa, supuesto para el paso de la sociedad enajenada a la comunista.

Desde nuestro liberalismo de Norteamérica, se aboga por la reducción del papel del Estado al mínimo necesario (Estado mínimo), desde un sentido civil para el respeto de las libertades básicas, es decir el Estado debería encargarse de la seguridad (ejército y policía para garantizar las libertades ciudadanas) y de la justicia (poder judicial independiente del poder político). En ningún caso el Estado debe servir para ejercer la coacción de quitar a unos individuos para dar a otros, y deben ser los agentes privados los que regulen el mercado a través del sistema de precios, asignando a cada cosa el valor que realmente tiene.

Bastiat expuso dos formas posibles de entender el Estado: Un estado que hace mucho pero debe tomar mucho, o bien un estado que hace poco pero también toma poco de sus ciudadanos. La tercera posibilidad de un estado que hace mucho por sus ciudadanos pero les pide poco a cambio (tercera vía) es, según Bastiat, una invención de algunos políticos irresponsables.

Las ideologías integristas defienden la concepción del Estado supeditada a la religión que profesan.

En defensa del bien común de la totalidad de la población que engloba el Estado o de la pervivencia del mismo, se utiliza frecuentemente la llamada **"Razón de Estado"**, término acuñado por **Nicolás Maquiavelo**, por la que dicho Estado, perjudica o afecta de una u otra forma a personas o grupos de personas, en favor o en "defensa" del resto de individuos que lo conforman, generalmente obviando las propias normas legales o morales que lo rigen. Tal es el argumento esgrimido, por ejemplo, en ciertos asesinatos selectivos o en ciertos casos de **"Terrorismo de Estado"**,[12] como ocurre en Cuba Socialista.

Según José Zafra Valverde, ex-Catedrático de Derecho Político de la Universidad de Navarra, el Estado se definiría como: *Grupo territorial duradero, radicalmente comunitario, estrictamente delimitado, moderadamente soberano frente a otros, que se manifiesta como máximamente comprensivo en el plano temporal y en cuyo seno, sobre una población, con creciente homogeneidad y sentido de autopertenencia, una organización institucional eminentemente burocrática, coherente y jerarquizada, desarrolla una compleja gobernación guiada conjuntamente por las ideas de **seguridad** y **prosperidad**.*[13]

Ante tales circunstancias, Cuba necesita entender las opciones que tiene delante debido al devenir histórico y a los cambios que en ella provocó la "revolución socialista" dirigida por el dictador Fidel Castro. Además, a juzgar por su situación económica, tan frágil y precaria para la mayoría de la población, se hace necesario proponer a los ciudadanos el repensar si desea continuar con un Estado así o si prefieren el modelo Liberal de "Estado Mínimo" o la Anarquía.

---

[12] Wikipedia.

[13] "Teoría Fundamental del Estado" (Universidad de Navarra, Pamplona, 1990) ISBN: 84-404-6076-7, p.74.

Cuba, hacia una solución política. *(Citas y Contextos).*

Necesitamos una doctrina que niegue la necesidad de un poder político dictatorial y la ausencia de políticos e ideólogos mentirosos impuestos, para que los ciudadanos cubanos avancen hacia la prosperidad espiritual y material.

La **anarquía**,[14] del griego ἀναρχία, *anarchía* (de ἄναρχος, *ánarchos*, 'sin dirigente') es la ausencia de Estado o poder público, o **la situación política en la que ningún individuo ejerce coacción (poder público o gobierno obligatorio) sobre otros**. La **anarquía** es aquella forma de agrupación social consistente en la **asociación voluntaria** y el **pacto sin coacción** entre personas, y en el rechazo a toda organización y pacto obligatorio, como por ejemplo, cualquier Estado.

La anarquía es la máxima expresión del orden político, un orden libre y deseable.

Anarquía es un sinónimo de **Acracia**. A diferencia de la autarquía, un principio ético y moral filosófico, la anarquía se refiere a una filosofía práctica u orden político.

Acracia (del griego α-, "no" y κράτος, "fuerza" o "violencia") y **ácrata** son sinónimos de anarquía y anarquista respectivamente, aunque la raíz del concepto no es la misma. Mientras *anarquía* alude a

---

[14] Las **negritas** son nuestras.

la ausencia de un gobierno o Estado que dirija la sociedad, *acracia* alude a la **ausencia de coerción** en un Estado o sociedad.

La acracia es un orden basado en el **principio de no coacción**, donde **las reglas de convivencia son el resultado de pactos voluntarios. Un ácrata no acepta la legitimidad de ninguna imposición.** Desde su perspectiva, **para que una acción tenga valor moral debe emanar de la decisión libre de quien la emprende. Las personas no han nacido para obedecer sino para decidir por sí mismas.**

¿Será que nuestra Cuba, hoy más que nunca, necesita un orden político que practique, en primer lugar, el respeto a la libertad individual?

El gobierno cubano (dictadura) no es legítimo porque ha sido impuesto a los ciudadanos. No es legítimo porque, como la historia ha demostrado, se apoya en la coacción y en el uso de la fuerza contra aquellos que no aceptan la legitimidad de ninguna imposición y contra los que creen que las personas no han nacido para obedecer sino para decidir por sí mismas.

El anarquismo es una teoría política cuyo objetivo es crear "**la ausencia de amo, de un soberano.**" (P.J. Proudhon. What is Property, p. 264).

El anarquismo es una teoría política cuyo objetivo es crear una sociedad en la que los individuos cooperen juntos libremente como iguales. El anarquista se opone a todas las formas de control jerárquico[15] tan perjudiciales para el individuo y su individualidad y además tan innecesario.

*"Mientras lo que se entiende popularmente por anarquismo es de un movimiento anti-Estado, violento, el anarquismo es una mucho más sutil y matizada tradición de **oposición** simple al poder gubernamental. **Los anarquistas se oponen a la idea de que el poder y la dominación es necesaria para la sociedad, y en cambio defienden más cooperación, formas antijerárquicas de organización social, política y económica.**"*[16]

La Libertad es una condición en la cual los derechos de una persona sobre su cuerpo y sobre su propiedad material legítima no son invadidos, ni agredidos... La libertad y los derechos de propiedad sin restricción caminan de la mano.[17] Esto es cierto, pero en un grado mayor lo es la declaración siguiente: "[e]n el momento en que el individuo 'vende' su fuerza productiva a otro, él o ella pierde autodeterminación y es tratado en vez como un instrumento inánime destinado al cumplimiento de la voluntad de otro."[18]

Sin embargo, "bajo las realidades de la forma económica capitalista... no cabe... ninguna discusión sobre un 'derecho sobre la persona de uno mismo', puesto que esto finaliza cuando uno es compelido a

---

[15] "Estatidad".
[16] L. Susan Brown. **The Politics of Individualism**, p. 106.
[17] *Anti-Libertarianism*, p. 41.
[18] L. Susan Brown. *The Politics of Individualism*, p. 4.

someterse al dictado económico de otro si no quiere morir de inanición." [Rudolf Rocker. *Anarcosindicalismo*, p. 10]

Irónicamente, los derechos de propiedad (de los que se dice que emanan de la autopropiedad del individuo) se convierten en los medios mediante los cuales la autopropiedad de los desposeídos es negada. El derecho fundacional (la autopropiedad) es anulado por el derecho derivado (propiedad sobre las cosas). "Tratar a los demás y a uno mismo como propiedad," arguye L. Susan Brown, "objetiviza al individuo humano, rechaza la unidad entre sujeto y objeto y constituye una negación de la voluntad individual... [y] destruye la misma libertad que uno buscaba inicialmente. La creencia liberal en la propiedad, tanto real como en la persona, no conduce a la libertad sino a relaciones de dominación y subordinación"[19] que, a largo plazo, estimularán "revoluciones". En el capitalismo, una falta de propiedad puede ser tan opresora como la ausencia de derechos legales merced a las relaciones de dominación y subordinación que esta situación crea. **Pensar que el pueblo "consienta" esta jerarquía es errar el tiro.** Así lo describe Alexander Berkman:

La ley dice que tu empleador no te roba nada, porque todo se hace con tu consentimiento. Has acordado trabajar para tu jefe a cambio de cierta paga, y que él se quede con todo lo que produzcas... ¿Pero diste realmente tu consentimiento? Cuando un salteador de caminos

---

[19] Id., p.9.

te encañona la cabeza, tú le das todos tus objetos de valor. "Consientes" en hacer esto, pero lo haces porque no puedes evitarlo, porque su pistola te compele. ¿Acaso no eres compelido a trabajar para un patrón? Tu necesidad te obliga de igual forma que la pistola del salteador. Debes vivir... No puedes trabajar para ti mismo... Las fábricas, la maquinaria y las herramientas pertenecen a la clase empleadora, de modo que debes alquilarte a dicha clase para poder trabajar y vivir. No importa de qué trabajes, ni quién sea tu empleador, siempre se trata de lo mismo: debes trabajar para él. No puedes evitarlo, se te compele a ello.[20]

En el capitalismo no hay igualdad entre los propietarios y los desposeídos, por lo que la propiedad es una fuente de poder. Afirmar que a este poder se le debería "dejar estar", o que es "justo" es "para los anarquistas... ridículo. Una vez que un Estado ha sido establecido, y la mayor parte del capital del país privatizado, la amenaza de la fuerza bruta ya no es necesaria para coaccionar a los obreros a aceptar trabajos, incluso con bajos salarios y en condiciones precarias. Empleando el término de Ayn Rand, la "fuerza inicial" ya ha tenido lugar, por la acción de aquellos que ahora tienen capital frente a quienes no... En otras palabras, si un ladrón muriese y legase a sus hijos su **ganancia deshonesta**, ¿tendrían los hijos **derecho** a la propiedad robada? Legalmente, no. De modo que, si "la propiedad es el robo", parafraseando a Proudhon, y el fruto de la explotación del

---

[20] What is Anarchism? p.11.

trabajo es simplemente un 'robo legal', entonces el único factor que otorga a la descendencia de un capitalista fallecido el derecho a **heredar el botín** es la ley, el Estado. Como escribió Bakunin, "Los fantasmas no deberían gobernar ni oprimir a este mundo, que pertenece sólo a los vivos". (Jeff Draughn, *Between Anarchism and Libertarianism*).

Igualmente, la eliminación de los impuestos, como pretenden argüir los defensores del socialismo, no conlleva a la eliminación de la opresión:

...en Rusia la servidumbre fue abolida únicamente cuando toda la tierra había sido apropiada. Cuando la tierra estaba concedida a los campesinos, estaba cargada con pagos que ocupaban el lugar de la esclavitud de la tierra. En Europa, los impuestos que mantenían la dependencia del pueblo empezaron a ser abolidos sólo cuando las gentes habían perdido sus tierras, estaban desacostumbrados al trabajo en el campo, y... eran bastante dependientes de los capitalistas... [Ellos] derogan los impuestos que recaen sobre los obreros... sólo porque la mayoría del pueblo está ya en manos de los capitalistas. Una forma de esclavitud no se erradica hasta que otra haya sido sustituida. (Tolstoi. **The Slavery of Our Times**, p. 32).

Por otro lado "el contrato por el cual el obrero vende supuestamente su fuerza productiva es un contrato en el cual, puesto que no puede ser separado de sus capacidades, vende la potestad sobre el uso de sí mismo por un tiempo determinado... Vender la potestad sobre el uso de uno mismo por un tiempo determinado... es ser un trabajador que no es libre. Las características de esta condición están recogidas en la expresión "esclavitud asalariada".[21]

Es cierto que tanto en el Socialismo como en el Capitalismo los obreros y la gran mayoría de las personas son receptores de órdenes y no individuos libres y que el ejercicio de la voluntad queda sometido a las necesidades materiales… y se acabó la libertad.

Así, estas ideologías que proclaman la defensa de la libertad, no ven nada malo en la alienación y la negación de la libertad misma.

Los contratos que se establecen tanto en un modelo socialista como capitalista crean una relación de subordinación y no de libertad.

Pero ¿cómo establecer un "control obrero de la producción industrial en Cuba socialista?

El socialismo niega la libre voluntad y así se opone al establecimiento de la libertad, en nombre de la dignidad humana reprime la libre expresión y la libre empresa, y sobre las ruinas de toda libertad, sólo proclamada, funda autoridad.

---

[21] Carole Pateman. *The Sexual Contract*, p. 151.

Es inverosímil justificar y hasta racionalizar la sujeción del individuo a alguna forma de jerarquía.

O defendemos los derechos inalienables del hombre o los violamos…

Elisée Reclus escribió, hay **"un abismo entre dos clases de sociedad," una de las cuales está "constituida libremente por hombres de buena voluntad, basándose en una consideración de sus intereses comunes" y otra que "acepta la existencia de amos bien temporales o bien permanentes a quienes [sus miembros] deben obediencia."** [Citado por Clark y Martin, *Anarchy, Geography, Modernity*, p. 62].

Educación y Anarquía. Antiautoritarismo.[22]

"Antes quisiera ver yo desplomadas, no digo las instituciones de los hombres, sino las estrellas todas del firmamento, que ver caer del pecho humano el sentimiento de la justicia, ese sol del mundo moral". (José de la Luz y Caballero).

El antiautoritarismo en educación toma sus raíces de la ideología anarquista, concretándose en una educación integral y libertaria, que tiene como objetivo final la consecución de personalidades libres y autónomas, que contribuyan a su vez a la edificación de una sociedad de iguales características.

La pedagogía libertaria (anarquista) aboga por una escuela que no sea instrumento de represión, laica (sin supervisión del Estado o la Iglesia) y transformarse en un vehículo de formación de conciencias libres.

En Cuba, los sistemas educativo y social están basados en la represión de las identidades personales. El autoritarismo de los padres, de la Iglesia, de la escuela, de la organización del trabajo, es la expresión de una hostilidad que niega el desarrollo positivo e impide la creación de personalidades independientes. La educación es una tarea de comprensión y de situarse al lado del niño,

---

[22] Véase Anarquía y Antiautoritarismo.

procurando satisfacer sus necesidades psíquicas sin que el autoritarismo adulto haga acto de presencia. El miedo, la hipocresía y la hostilidad deben de dar paso a la autonomía, el amor y la libertad. Pero no se trata de una libertad abstracta. La libertad de un niño limita con la libertad de los demás.

Es esto un modelo de educación verdaderamente democrática y participativa.

El ejemplo del Centro Escolar Summerhill:

A. S. Neill afirmaba que Summerhill más que una escuela era una forma de vivir en comunidad. Sus principales características serían:

- *Régimen de internado.*
- *El individuo libre es aquel que vive y deja vivir.*
- *Derecho del niño a decidir su propia conducta frente al autoritarismo represor.*
- *Libertad interior estimulada por un clima afectivo, donde el niño llegará a conocer por si mismo.*
- *El cultivo de la libertad y la responsabilidad facilitarán la vida social, al descubrir que no es libertad el violentar a otros.*
- *Los profesores y los alumnos se unen en asamblea para discutir los problemas de la comunidad. La asamblea dicta leyes y un tribunal castiga a los infractores.*
- *Disciplina fundada en su libertad de decisión.*

- *El maestro y el niño intercambian sus objetivos.*

- *Educación dirigida al ámbito emocional, donde no impera la formación intelectual.*

- *Terapia o tratamiento de los niños problema.*

Fueron muchas las críticas a las que se enfrentó esta experiencia pedagógica, tanto políticos como ideológicos. En la década de los sesenta recibió acusaciones de libertinaje en su interior que nunca fueron demostradas. Summerhill continúa con su labor pedagógica de la mano de Zoe, la hija de su fundador.

A. S. NEILL:(1883-1973). Escocés de nacimiento era hijo de un maestro rural, profesión que el propio Neill ejercería durante un tiempo, después de graduarse en la Universidad de Edimburgo. Podemos destacar tres etapas en la vida de Neill:

1) 1883-1924: La formación abierta y autónoma de un educador inquieto.

2) 1924-1960: La construcción de una educación alternativa: Summerhill.

3) 1960-1973: El mundo conoce y reconoce Summerhill.

La amistad de Neill con Homer Lane le proporciona el conocimiento del autogobierno escolar que practicaría en el *King Alfred*, escuela de coeducación laica donde se insistía en el valor educativo de la libertad personal. Situado en el movimiento antiautoritario inglés de las escuelas progresistas, su formación se complementa con el psicoanálisis.

Durante su estancia en Hellerau (Alemania), funda en el año 1921 Summerhill; después de pasar por Austria decide trasladarse en 1927 a Leinston, en el nordeste de Gran Bretaña. Durante un tiempo, el interés de Nelly se dirigió a los niños difíciles, cuyos problemas atribuía a la imposición de determinadas pautas de conducta. Neill cambió su actitud al darse cuenta de que los niños pudieran ver las consecuencias de vivir sin ser perturbados por las restricciones y coacciones de los adultos.

Su relación con W. Reich le ayuda a reflexionar sobre las dificultades para una educación en libertad. Las doctrinas religiosas, los problemas de los adultos interfieren en el desarrollo del niño. Fundamenta su optimismo respecto de la ausencia de reglas previas en las cualidades innatas de la naturaleza individual que nadie debe interferir, pues ellas contienen sus propios patrones de crecimiento y desarrollo para el futuro.

La alternativa pedagógica de Neill tiene un enfoque claramente regeneracionista y no se interesa por los aspectos instructivos o didácticos. Una sociedad enferma necesita un cambio de rumbo educativo. Para Neill, los sistemas educativo y social están basados en la represión de las identidades personales. El autoritarismo de los padres, de la Iglesia, de la escuela, de la organización del trabajo, es la expresión de una hostilidad que niega el desarrollo positivo e impide la creación de personalidades independientes. La educación es una tarea de comprensión y de situarse al lado del niño, procurando satisfacer sus necesidades psíquicas sin que el autoritarismo adulto haga acto de presencia. El miedo, la hipocresía y la hostilidad deben de dar paso a la autonomía, el amor y la libertad. Pero no se trata de una libertad abstracta. La libertad de un niño en Summerhill limita con la libertad de los demás.

FERRER GUARDIA.

Francisco Ferrer Guardia (1859-1909).

La biografía de Ferrer Guardia nos traslada a una época turbulenta de la que fue protagonista como pedagogo y ciudadano. Sus inquietudes políticas lo llevan al movimiento anarquista en Barcelona, trabajando como revisor de tren y después de una formación autodidacta, se descubre como pedagogo. Sus frecuentes viajes y múltiples relaciones le proporcionan un conocimiento directo de distintas experiencias educativas.

Su propósito de librar a niños y adultos de la ignorancia y la superstición impulsa a Ferrer a la creación de lo que él denominará Escuela Moderna. Pretende formar hombres aptos para evolucionar sin cesar, capaces de renovar los medios sociales y renovarse personalmente. Apunta a la liberación del individuo frente a sí mismo y frente a la sociedad. La coeducación de los sexos responde a la necesidad de formar hombres y mujeres libres de cualquier prejuicio; mientras que la coeducación de las clases sociales permite aprender el valor y la dignidad personales. Su pensamiento pedagógico se recoge en La Escuela Moderna. Póstuma explicación y alcance de la enseñanza racionalista (1912). Publicó entre 1901 y 1909 el Boletín de la Escuela Moderna, que recogía artículos de numerosos autores españoles y extranjeros. Fue fusilado por el gobierno conservador de Antonio Maura.

La Escuela Moderna de Ferrer Guardia.

Lo que caracterizó a la Escuela Moderna era el ser racionalista y científica. La educación no puede basarse en prejuicios dogmáticos, sino que debe de tomar como guía los desarrollos de la ciencia positiva. Dado que en la Escuela Moderna de Ferrer Guardia, la libertad era un valor considerado fundamental y su creador estaba dispuesto a erradicar de ella todo lo que supusiera imposición arbitraria, se suprimieron los exámenes, las calificaciones, los premios y los castigos, considerando que éstos contribuían a marcar desigualdades entre los alumnos y a fomentar un espíritu competitivo, perjudicial para el tipo de educación que se pretendía fomentar. Su educación integral incluye el pensamiento, la sexualidad y los sentimientos, así como el desarrollo de la personalidad infantil, todo ello acompañado de prácticas higienistas, de observación de la naturaleza y de libre experimentación. El antiautoritarismo ferreriano se ve reflejado en la didáctica, tanto en los contenidos como en los métodos. Desterró de su escuela todo conocimiento que no pudiese ser demostrado por el método científico. En cuanto a los métodos, Ferrer, dedicó sus esfuerzos fundamentalmente a buscar profesores adecuados a la empresa pedagógica que quería desarrollar. Por lo que respecta a la transmisión de conocimientos, el pensamiento de este educador es "no directivo". Las sucursales de la escuela se multiplicaron por la geografía catalana y las sociedades mediterráneas españolas.

C.R. ROGERS: UNA EDUCACIÓN CENTRADA EN EL ALUMNO.

Carl Rogers (1902), psicoterapeuta Americano nacido en el seno de una familia con profundas raíces religiosas, con fuertes convicciones protestantes. Su infancia transcurrió en una atmósfera ética y religiosa muy estricta e intransigente, además de solitaria. Inicialmente se inscribió en la Universidad de Wisconsin pero después de un breve paso por el seminario se marchó a estudiar psicología clínica en Columbia, donde recibió su doctorado en 1928, y otro en filosofía en 1931.

Plantea nuevos retos en el aprendizaje de la libertad, limitada por las relaciones de poder establecidas en las prácticas terapéuticas y educativas tradicionales. Cree fundamental y radicalmente en la persona y en sus posibilidades. Sus obras más relevantes:

- "Counseling and psychotherapy" (1942).
- "Client-centred therapy: its current practicum, implications and theory" (1945).
- "On becoming a person" (1961).
- "Freedom to learn" (1969).
- "Carl Rogers y los grupos de encuentro" (1970).
- "Convertirse en compañeros: el matrimonio y sus alternativas" (1972).
- "Carl Rogers on personal power" (1977).
- "A way of being" (1980).

La "no-directividad".

Hay una confianza en que el cliente (paciente, alumno) puede manejar constructivamente su vida y solucionar sus propios problemas. Este supuesto es una consecuencia directa del postulado de la bondad innata del hombre. Si se deja actuar a la persona, lo que haga, estará bien. Además, la persona es la única que puede llegar a conocer sus problemas, y, por lo tanto, la única que puede resolverlos. Cualquier tipo de "directividad" (enseñanza, orden, mandato, etc...) podría ser perjudicial para el desarrollo de la persona, puesto que estaríamos impidiendo su "crecimiento personal" (y sus derechos). La función de los padres debe de cambiar: El concepto "educar a los hijos" debe de sustituirse por "relacionarse con los hijos". La idea misma de "mi hijo" debe de ser modificada. Los padres no son dueños de sus hijos, son solamente los padres de los hijos.

Las ideas de Rogers en educación son realmente revolucionarias.

a) La función del maestro, no ya como autoridad, sino como facilitador del aprendizaje, debe crear un clima de aceptación en el grupo. Este es más importante que las técnicas que emplea; debe de ser permisivo y comprensivo y que respete la individualidad. El profesor debe aceptar al grupo y a cada uno de sus miembros como es. No debe juzgar.

b) Por otro lado el enfoque no directivo. No podemos enseñar directamente a otra persona, sólo podemos facilitar su aprendizaje. De este enfoque se deriva el concepto de aprendizaje significativo o vivencias. Rogers parte de la incomunicabilidad o intrasferibilidad de los saberes. Avanzando un poco más en esta idea, el profesor no podrá determinar con precisión cuáles son los contenidos significativos de cada alumno. Sólo el propio alumno los conocerá. Pero ni siquiera podrán ser planeados por el propio aprendiz, sino que irán surgiendo poco a poco. Si no hay contenidos precisos, no es posible establecer un currículum formal.

Rogers propone un aprendizaje significativo que tiene lugar cuando el estudiante percibe el tema de estudio como importante para sus propios objetivos. Frente a los tipos de aprendizaje percibidos como amenazadores, el aprendizaje significativo desarrolla la personalidad del alumno, y al abarcar la totalidad de la persona es más perdurable y profundo. La independencia, la creatividad y confianza en sí mismo permiten la autocrítica y una actitud de continua apertura al cambio y a la adaptación. La desconfianza en los conocimientos de un mundo estático surge porque se concibe la educación como una capacitación para afrontar lo nuevo, y el aprendizaje se centra propiamente en el proceso de aprender.

En la educación tradicional no es lo mismo lo que se enseña que lo que se aprende, y el , maestro, al centrarse en su papel, no se halla disponible para el alumno, mientras que en la enseñanza centrada en el alumno, el maestro confía plenamente en sus capacidades, le ayuda en su comunicación y facilita su aprendizaje. Esta atención y búsqueda de la persona del otro cambia la relación educativa, al aceptar el profesor el aprendizaje e iniciativas del alumno, por ser él quien mejor sabe lo que le interesa. El facilitador ayuda a esclarecer los propósitos individuales y grupales, y confía en que el estudiante desea alcanzar estas metas significativas, y organiza y pone a disposición de los alumnos una variada gama de recursos, creando un ambiente de comprensión para su propia integración en el grupo.

A partir de aquí, es el alumno quien con la libertad de la acción y tiempo, creciendo en su madurez y responsabilidad, se encamina por las sendas del aprendizaje, tanto individual como en grupo, cuya autogestión, tareas y objetivos son asimismo definidos por los estudiantes.

Apología del pensamiento pedagógico de Carl Rogers.

Quizá ninguno de nosotros conozca a fondo la naturaleza del niño. Pero todos fuimos niños, seres a quienes se intentó domesticar muchas veces.

Educar no es guiar, es simplemente educar. Yo soy mi Guía. Tengo la responsabilidad de educar a mis hijos. No tengo autoridad para enseñar, sino respeto por la persona del niño. Educar es ayudar a formar valores basados en el amor, el derecho, la sabiduría, la virtud y la bondad. Sin duda, la formación de valores es una tarea imprescindible de la educación. Los valores deben ser trasmitidos al niño, pero no debe "vigilarse" su proceso de formación.

El alumno debe encontrar o descubrir el sentido o significado de lo que aprende, sus intereses y necesidades son el primer criterio a tener en cuenta para elegir lo que debe aprender o no. La educación familiar sienta las bases de su desarrollo. El niño no tiene suficiente madurez para elegir lo que le conviene. Los padres tienen la responsabilidad de permitirle su desarrollo e instruirlo en las verdades fundamentales. El sistema de educación antiautoritario, aún con todas sus limitaciones, contiene elementos básicos que un niño puede aprender para convivir socialmente y ser un hombre útil a sí mismo y a la sociedad.

BIBLIOGRAFÍA

Antón J. Colom, J.L. Ambalem, E. Domínguez (1997): *Teorías e Instituciones Contemporáneas*. Barcelona. Ed. Ariel Educación.

A. S. Neill (1975): *Corazones, no sólo cabezas en la escuela*. México. Ed. Editores Mexicanos Unidos, S.A.

Cuadernos de Pedagogía: Recopilación del 25 aniversario.

Revista "Academia", n° Diciembre 1998-Enero 1999: *La teoría educativa de Carl Rogers; alcances y limitaciones*. (Publicación de la Universidad de Guadalajara, México). Ed. DAPA –Publicaciones.

El hombre Masa[23] y la "seguridad del Estado".

Todo por el Estado; nada fuera del Estado; nada contra el Estado.[24]
...bajo el imperio de las masas el Estado se encarga de aplastar la independencia del individuo, del grupo, y agostar así definitivamente el porvenir.

La rebelión de las masas es la consecuencia de la falta de moral. Cuando una sociedad está dividida en distintas formas de pensar, esas ideologías contrapuestas se anulan entre si y no hace posible que se constituya un mando.

La opinión pública a veces no se manifiesta **(o está prohibida)** y esa ausencia la suele aprovechar la fuerza bruta.

La mayoría de los hombres no opina y sin opiniones la sociedad se puede convertir en un caos.

Predomina hoy en día un nuevo tipo de hombre, el hombre masa, un ser vulgar que desconoce algo mejor y le rinde culto a la vulgaridad.

El hombre masa es el que no piensa, el que renuncia a él mismo y hace lo que hacen los demás. Es el hombre término medio, que no se arriesga y no sabe dónde va, porque no tiene opinión ni perspectiva.

---

[23] José Ortega y Gasset.
[24] Benito Mussolini.

Las masas no significan las masas obreras y no se trata de cantidad de hombres sino más de una cualidad de modo de ser.

El hombre masa es aquel que no se exige lo necesario y que no es ni sabio ni ignorante y por lo tanto se transforma en alguien peligroso que cree saber.

La juventud de hoy en día no sabe qué hacer con su libertad y se siente vacía.

Porque vivir es cumplir el destino propio y también compartir un destino colectivo.

Cada hombre es una perspectiva del mundo y todas las perspectivas son verdaderas, la única falsa es la utopía, o sea la perspectiva que pretende ser la única verdadera.

El hombre que no se mantiene fiel a su perspectiva del mundo, que renuncia a su puesto, se dedica a defender una utopía.

Los problemas políticos mundiales son en su raíz problemas filosóficos.

Para vivir, Ortega dice que hay que ser realista e idealista al mismo tiempo, o sea no estar demasiado ligado a la realidad objetiva ni desprenderse de la circunstancia.

El hombre no es ni Sancho Panza ni Don Quijote sino una mezcla de los dos, una síntesis.

Faltan héroes, el héroe era el personaje capaz de realizar hazañas con un propósito, porque ya parece estar todo hecho y nadie se compromete a intentar el desafío de su propia vida.

Ortega decía que existe un automatismo reaccionario que pretende ser progresista pero que en realidad es una inercia cultural que impide el cambio que reclama el momento histórico.

Cuando la vida no se desarrolla como es, posee un ingrediente de inseguridad que produce preocupación y también angustia por los sufrimientos y padecimientos que provocan las cosas.

El hombre está condenado a hacer su vida hacia fuera, según sus circunstancias que no son sólo suyas pero que tendrá que incluir en su proyecto.

El mundo está limitado, porque sólo está abierto a algunas posibilidades que constituyen la circunstancia y si el pasado interviene como fatalidad, el futuro se impone como destino.

El hombre masa es el antihéroe, un héroe hueco, porque el héroe es fiel a si mismo y se aferra a su destino para trascenderlo.

La libertad del hombre es para hacer lo que tiene que hacer. El hombre actual está desorientado en un mundo lleno de posibilidades.

Este es el mayor peligro que hoy amenaza a **Cuba y a** la civilización: la estatifícación **(devenida por la "estatidad")** de la vida, el intervencionismo del Estado, la absorción de toda espontaneidad social por el Estado; es decir, la anulación de la espontaneidad histórica, que en definitiva sostiene, nutre y empuja los destinos humanos. Cuando la masa siente alguna desventura o, simplemente, algún fuerte apetito, es una gran tentación para ella esa permanente y segura posibilidad de conseguir todo -sin esfuerzo, lucha, duda, ni riesgo- sin más que tocar el resorte y hacer funcionar la portentosa máquina. La masa se dice: «El Estado soy yo», lo cual es un perfecto error. El Estado es la masa sólo en el sentido en que puede decirse de dos hombres que son idénticos, porque ninguno de los dos se llama Juan. Estado contemporáneo y masa coinciden sólo en ser anónimos. Pero el caso es que el hombre-masa cree, en efecto, que él es el Estado, y tenderá cada vez más a hacerlo funcionar con cualquier pretexto, a aplastar con él toda minoría creadora que lo perturbe; que lo perturbe en cualquier orden: en política, en ideas, en industria.

El resultado de esta tendencia será fatal. La espontaneidad social quedará violentada una vez y otra por la intervención del Estado; ninguna nueva simiente podrá fructificar. La sociedad tendrá que vivir para el Estado; el hombre, para la máquina del gobierno. Y como a la postre no es sino una máquina cuya existencia y mantenimiento dependen de la vitalidad circundante que la mantenga, el Estado, después de chupar el tuétano a la sociedad, se quedará hético, esquelético, muerto con esa muerte herrumbrosa de la máquina, mucho más cadavérica que la del organismo vivo.

Este fue el sino lamentable de la civilización antigua. No tiene duda que el Estado imperial creado por los Julios y los Claudios fue una máquina admirable, incomparablemente superior como artefacto al viejo Estado republicano de las familias patricias. Pero, curiosa coincidencia, apenas Llegó a su pleno desarrollo, comienza a decaer el cuerpo social. Ya en los tiempos de los Antoninos (siglo II) el Estado gravita con una antivital supremacía sobre la sociedad. Esta empieza a ser esclavizada, a no poder vivir más que en servicio del Estado. La vida toda se burocratiza. ¿Qué acontece? La burocratización de la vida produce su mengua absoluta -en todos los órdenes-. La riqueza disminuye y las mujeres paren poco. Entonces el Estado, para subvenir a sus propias necesidades, fuerza más la burocratización de la existencia humana. Esta burocratización en segunda potencia es la militarización de la sociedad. La urgencia mayor del Estado en su aparato bélico, su ejército. El Estado es, ante todo, productor de seguridad (la seguridad de que nace el hombre-masa, no se olvide). Por eso es, ante todo, ejército. Los Severos, de origen africano, militarizan el mundo. ¡Vana faena! La miseria aumenta, las matrices son cada vez menos fecundas. Faltan hasta soldados...

A esto lleva el intervencionismo del Estado: el pueblo se convierte en carne y pasta que alimentan el mero artefacto y máquina que es el Estado. El esqueleto se come la carne en torno a él. El andamio se hace propietario e inquilino de la casa.[25]

---

[25] Patología nacional. Imperio de las Masas (J. O. y Gasset).

LATROCINIUM[26]

Cuba-Latrocinio:

Una democracia sin Carta Magna, sin Internet, sin Mercado, sin Libertad, sin Competencia ni Elecciones libres…

Nadie es perfecto. De vez en cuando se escapan unos golpes, un trago, un disparo.

Una Sociedad democrática sin deberes ni derechos, sin juicio, que segrega a las minorías, golpea a los que protestan, encarcela a los que denuncian, atormenta a los que piensan, explota a los que trabajan, estafa a los que negocian y complica a los que duermen con ella.

Los mata paulatinamente.

Los cocina a fuego lento, y se los come en su casa de verano en el Caribe.

Una isla tenebrosa, un proyecto inhumano, el sometimiento de la sociedad civil, los artistas e intelectuales. El ahogo en la miseria, la clausura de los espacios para el libre pensamiento.

Todos fuimos engañados. Éramos sólo niños, los hijos de unos padres con miedo. Ellos dicen que sólo perseguían nuestro voto y nada más.

Después vino la guerra, necesitaban nuestra sangre.

---

[26] "Acción propia de un ladrón o de quien defrauda a alguien gravemente".
No lo olvides nunca, para que no seas engañado.

Luego llegaron la sed y el hambre, entonces exigieron nuestro ayuno.

Poco a poco fuimos despojados de nuestro pasado, presente y futuro. El barrio se convirtió en una trinchera contra la quimera imperialista.

Los comandos del terror, las hordas fascistas, asaltaron nuestros hogares, y se llevaron para siempre, con los trapos que nos quedaban, la dignidad bendita.

LOS BABUES INSULARES / LA GENTE DEL "MEDIO"

Un país no es un montón de tierra, porque todos los montones de tierra son iguales, sino el conjunto de instituciones y parques que hacen en el próspera y feliz la vida (...)

...es el odio invencible a quien la oprime...

José Martí

Qué ocurriría en la sociedad civil de una nación, si sus intelectuales, sus artistas, la "gente" o las personas cuyo papel consiste en "destruir", "criticar", para después "edificar" y "cultivar", no lo hace, o esta mediatizada, o envenenada, o ha sido corrompida con "regalos", o tiene verdadero miedo a correr la misma suerte de los que se han levantado con una valentía envidiable... Esta es la peor de las tiranías.

Todos los que hemos huido o escapado de las garras que oprimen a Cuba lo hemos hecho no sin un dolor profundo. Allí se ha quedado el noventa por ciento de lo que somos. Allí se quedaron nuestros sueños de ver a nuestra gente construir un país libre. Allí están nuestros hijos, padres, abuelos y hermanos; el barrio, los amigos de siempre, la playa, el río, mi cielo azul ahora rojo ensangrentado.

La tiranía de los hermanos Castro (una genuina "dictablanda") ha hundido a la sociedad civil cubana en una "anarquía silenciosa", ha dividido consecuentemente a la familia cubana, ha desarraigado las instituciones fundamentales; ha sometido, doblegado, extirpado, aplastado a cuanto opositor se le ha enfrentado…

Y ¿qué han hecho nuestros "Babues", nuestra "gentecilla del medio"? Han estado muy activos manipulando a las masas desinformadas. Han enturbiado las aguas en "Cuba socialista". En otras palabras, se han inventado un juego de palabras para al final salirse con la suya…: si hay cambios en Cuba –y de seguro los habrá-, nuestra "gentecilla del medio" ha decidido mantener su estatus de Babues insulares, es decir, los "intelectuales del sistema", se conforman con una temporadita en Europa y algún dinerito para especular a la vuelta en el "terruño". Lo siento mucho por mis amigos…; pero cómo pueden estar tan ciegos.

El tirano está matando a muchos de los mejores hijos de Cuba, y "nadie" dice nada.

Este comentario no tiene el objetivo de denunciar a nadie ni de incitar a la lucha armada ni al terrorismo… Sólo queremos dar la voz de alerta a lo que ha quedado de nuestra sociedad cívica, de nuestros jóvenes, periodistas, maestros, poetas, artistas, pensadores.

Todos tenemos miedo, sólo que algunos nos enfrentamos a nuestro desasosiego y decidimos denunciar el absolutismo que siempre ha imperado en las instituciones gubernamentales…

Otros han resuelto hacerse los de la vista gorda y mantenerse sobre el "filo de la cuerda…", en el "medio".

Muchos argumentarán diciendo que es muy fácil porque nosotros estamos a noventa millas…, un argumento que sólo confirma las sospechas de todo el mundo: en Cuba hace mucho tiempo que los ciudadanos no gozan de libertad. Si en Cuba hubiese libertad no tendríamos que denunciar al gobierno cubano desde el exilio.

La cultura y el arte conforman la "superestructura" en una nación.

Qué es una tiranía sino la supresión y manipulación -con fines de lucro -, del carácter y el sentido de los pueblos. Los pueblos conocen bien a estos autócratas y "Generales". ¿Quiénes se han ocupado de que así marchen las cosas? Los "ministros" y nuestra "gentecilla del medio". Han olvidado que la "Patria no es un pedestal", no podemos usarla para alcanzar nuestros propósitos egoístas, sin ensuciarnos las manos con el propio cieno de nuestra cobardía.

La sociedad cívica cubana ha sido mutilada, y todavía nuestros "intelectuales de izquierda" (voz de la "dictablanda") pretenden enseñarnos que esto es "lo mejor" que le puede pasar a Cuba, que algo diferente sería regresar a la "República Mediatizada"; nada más absurdo y carente de sentido común.

Ellos son quienes han ejecutado durante años nuestro voto, han intentado apropiarse de nuestros derechos, de nuestras tierras, de la herencia, de nuestros hijos... Le han hecho creer al mundo que somos felices en "Cuba Socialista", un sistema que ha practicado uno de los principios del "latrocinio": cuando todo es de todos, nada es de nadie; y más..., nos han amenazado de muerte si pretendemos "cambiar las cosas".

Estamos en las puertas de un nuevo "Siglo de las Luces" que se levanta, precisamente, sobre el polvo de los tiranos. Y si este ha de ser el siglo de la Libertad y del derrumbe de los absolutos, la caída de los despotismos, nada mejor que comenzar con una Cuba libre.

Víctor Ramallo Meneses

8 de mayo de 2010

Ciudad Habana

OPOSICIÓN ANARQUISTA

Contra Estatidad y Gobierno

Definición de Estatidad.-

*Los Estados y soberanías **que han tenido y tienen autoridad sobre los hombres**, fueron y son, o repúblicas o principados. (Nicolás Maquiavelo. El Príncipe).*

Estatidad: El conjunto de capacidades y la dinámica de funcionamiento que una Unidad Política, adquiere con el paso del tiempo:

1. Capacidad de externalizar su poder, es decir, obtener el reconocimiento de otros Estados.
2. Capacidad de institucionalizar su autoridad: significa la creación de organismos para imponer la coerción, como por ejemplo, las fuerzas armadas, las escuelas y los tribunales.
3. Capacidad de diferenciar su control. esto es, contar con un conjunto de instituciones profesionalizadas para aplicaciones específicas, entre las que son importantes aquellas que permiten la recaudación de impuestos y otros recursos de forma controlada.
4. Capacidad de internalizar una identidad colectiva, creando símbolos generadores de pertenencia e identificación común, diferenciándola de la identidad de otro Estado; por ejemplo, teniendo himno y bandera propia. [27]

El Estado, por tanto, es una organización humana que, supuestamente, debe su existencia por y para el bien común.

Contra Estatidad:

Oposición #1. Porque un Estado, al recibir el reconocimiento de otros Estados, institucionalizará su autoridad como una organización humana dotada de fuerza "legal" que no respetará los derechos individuales.

---

[27] Según la definición de Oscar Oszlak.

Oposición # 2. Porque un Estado, al desplegar las capacidades o funciones que le transfieren la estructura de Estado: la creación de organismos para imponer la _coerción_, como por ejemplo, las _fuerzas armadas, las escuelas y los tribunales_ (…), se muestra a sí mismo como un organismo que debe su existencia a la represión, directa o indirecta, del resto de los ciudadanos.

Oposición #3: Porque un Estado sólo beneficia al grupo dominante y al mismo tiempo ejerce control sobre la vida de los ciudadanos sin el consentimiento voluntario de estos.

Oposición # 4: Porque los hombres nacen para ser libres, pero la simple existencia de un Estado opresor limita la práctica de las libertades humanas.

Oposición #5: Porque el Estado es una estructura dotada de una fuerza que no respeta los derechos fundamentales del hombre.

Oposición # 6: Porque el Estado es "una junta de hombres gobernada por su príncipe, ligada por un pacto de sociedad, que se reparte su botín conforme a leyes que ellos establecieron".[28]

Oposición #7: Porque todas las formas de control jerárquico son perjudiciales e innecesarias para el individuo y su individualidad.

Oposición # 8: Porque la Libertad es una condición en la cual los derechos de una persona sobre su cuerpo y sobre su propiedad material legítima no son invadidos, ni agredidos.

Oposición # 9: Porque en el momento en que el individuo "vende" su fuerza productiva a otro, ya sea a un capitalista o a un Estado, él o ella pierde autodeterminación y es tratado en vez como un instrumento inánime destinado al cumplimiento de la voluntad de otro.

Oposición # 10: Porque bajo las realidades de las formas económicas de los Estados actuales: socialista o capitalista..., no cabe ninguna discusión sobre un "derecho sobre la persona de uno mismo", puesto que esto finaliza cuando uno es compelido a someterse al dictado económico de otro si no quiere morir de inanición.

---

[28] Agustín de Hipona. _La Ciudad de Dios._

Oposición # 11: Porque el Estado, al intentar hacer legítimas sus acciones, se apoya en la coacción y en el uso de la fuerza contra aquellos que no aceptan su imposición.

Oposición #12: Porque el Estado se yergue como amo y soberano, aplastando las conciencias y las personalidades independientes.

Definición de Gobierno.-

The New Encyclopædia Britannica explica: "Existe la distinción clásica entre gobiernos según la cantidad de gobernantes: el que es ejercido por un solo hombre (monarquía o tiranía), por una minoría (aristocracia u oligarquía), o por la mayoría (democracia). Aunque ninguno de estos principios de análisis abarca todo, cada uno tiene cierta validez."

El primer Gobierno se forma en la tribu, como una forma de coordinar el pleno aprovechamiento de los recursos humanos, Naturales, Instalaciones y herramientas, de la misma, para generar el máximo de satisfactores que satisfagan las necesidades de la tribu, en alimentación, seguridad, comodidad y paz.

Después, se ha establecido el "Ejecutivo" como ente coordinador, el "Legislativo" como generador de leyes y el "Judicial" como encargado de hacer que las leyes se cumplan.

Actualmente hay un grupo de investigadores y empresas seriamente preocupados por el hecho de que el gobierno es una organización de autoprotección social poco segura al largo plazo, que tal vez no sea capaz de asegurar los servicios de protección social a futuro, cuando la especie alargue su esperanza de vida por encima de los 100 años. Estos investigadores están desarrollando ONG alternativas.

"El Gobierno es una sociedad, pero no de seguros, porque nada asegura, sino constituida para la venganza y la represión. La prima que esta sociedad hace pagar, el impuesto, se reparte a prorrata entre las propiedades, es decir, en proporción de las molestias que cada una proporciona a los proporciona a los vengadores y represores asalariados por el Gobierno. Nos encontramos en este punto muy lejos del derecho de propiedad absoluto e inalienable. ¡Así están el pobre y el rico en constante situación de desconfianza y de guerra! ¿Y por qué se hacen la guerra? Por la propiedad: ¡de suerte que la propiedad tiene por consecuencia necesaria la guerra a la propiedad...! La libertad y la seguridad del rico no estorban a la libertad y a la seguridad del pobre; lejos de ello, pueden fortalecerse recíprocamente. Pero el derecho de propiedad del primero tiene que estar incesantemente defendido contra el instinto de propiedad del segundo. ¡Qué contradicción!" (Pierre-Joseph Proudhon).

En verdad, como dice la máxima griega de la Republica: "Sólo somos libres entre iguales".

CORPORACION PUEBLOCUBANO

El proceder de esos ladrones y asesinos, que se llaman a sí mismos "el gobierno" es directamente opuesto al del bandolero.

En primer lugar, ellos no se hacen individualmente conocidos; o, consecuentemente, toman sobre sí mismos la responsabilidad de sus actos. Al contrario, secretamente (por voto secreto) designan a algunos de ellos para cometer el robo en su nombre, mientras ellos se mantienen prácticamente escondidos (L. Spooner).

Hay un grupo de gánsteres por ahí que se hacen llamar '"Pueblo de Cuba" al cual debiéramos prender cuanto antes y...

No es "legítimo" negociar con ellos, pues conforman una especie de "corporación del crimen" que, mediante el poder de las armas y del terror ha usurpado el poder en la débil nación cubana y han tomado por las fuerzas la voluntad de los ciudadanos: esa multitud inerme de limosneros sucios y sin esperanza alguna que la de poder salir y entrar del "país" y así poder sentirse superiores a los otros que sueñan con escapar de su triste condición y no pueden.

Son todos los esclavos-rehenes de la corporación, diseñados para "alimentar" a la Oligarquía (corporación). Son los mismos que salen a repetir y a vociferar las consignas que la "corporación" ha diseñado para ellos. Algo que es muy peculiar, característica de los proletarios cubanos: Habitualmente cuando los ciudadanos de un país son felices con las "gestiones" de su gobierno, ninguno sale a la calle a "protestar"..., pero en Cuba Socialista, hace más de medio siglo, la "corporación" que se hace llamar *pueblo cubano* arma y despliega a su "gente" para, en un acto de genocidio, amedrentar, intentar humillar y amenazar a los que se oponen y defienden los derechos del pueblo oprimido.

Esta corporación que se hace llamar "pueblo de cuba" no es el pueblo ni sus legítimos representantes sino la *casta,* la oligarquía Gobernante. Ellos copan todas las instituciones del Estado. El propio Estado los alimenta. Son, además, una legión de "*oficinistas-dirigentes*" que salen a la calle para no perder sus "privilegios". Una casta privilegiada por el régimen *(organizaciones políticas, sociales y de masas).*

Por tanto, todas las deudas que se contraen con esta "corporación" son deudas contraídas únicamente con dicha camarilla y nunca con la ya desnuda y desconsolada nación cubana ni con la incipiente sociedad civil.

Como ciudadano cubano no aconsejaría a ningún representante legítimo de ningún país a prestarles dinero o a tan siquiera hacer negocios con ellos, pues las deudas que contraen y han adquirido son las deudas del gobierno usurpador, pero no del pueblo. El pueblo también ha sido despojado.

Yo, Víctor H Ramallo Meneses, ciudadano cubano, no he firmado ni autorizado a nadie mediante ningún contrato o acuerdo a actuar como mi representante ni a pedir dinero prestado en mi nombre.

Hay un grupo de gánsteres por ahí que se hacen llamar '"Pueblo de Cuba" al cual debiéramos prender cuanto antes y... "ponerle el cascabel".

Pero, ¿quién le pone el cascabel al gato? –se preguntan los ratones.

Breve *CARTA ABIERTA A FIDEL CASTRO* A QUIEN LA HISTORIA NO ABSOLVERA

Guajiro;

Ya sé que le queda poco tiempo de vida y es duro, lastimoso y duele tener que hablarle a un anciano de esta manera.

Siempre te creí un "secuestrado del poder", porque no imagino a nadie tan cobarde como usted teniendo la valentía y la sabiduría de la que sus esbirros le han dado fama.

Qué lástima, Guajiro; el pueblo de Cuba en su totalidad, no supo a ciencia cierta quienes eran sus verdaderos tiranos y verdugos; sólo aquellos que sufrieron torturas y tanto abuso y humillación pudieron verle la cara a sus sicarios. Es indignante que gentuza como esa hayan sometido a este pueblo de hombres y no de "huevos blancos" como usted y su hermanastro.

Guajiro; Todavía estas a tiempo de pedir perdón por los crímenes de que se te acusa justificadamente y renunciar al poder… ¿o ya estás muerto, tu hermano ha sido violado y que nos queda? Una sociedad profundamente lacerada y llena de hambre y de odio.

Guajiro; Su despotismo y la tiranía a la que han sometido a mi pueblo –a mi abuelo le quitaron, que digo yo le quitaron, le robaron sus propiedades que el compro con el sudor de su frente-, es digna de ser investigada y presentada ante un tribunal internacional que los juzgue justamente a pagar todo el mal que le han hecho a mi pueblo.

Guajiro; voy a ser breve para que tus sicarios, por su bajo nivel de verdadera educación, comprendan.

Convertiste a mi familia y a gran parte del pueblo cubano en limosneros. ¿Qué tengo yo que pedirte a ti si tú le robaste a mi abuelo? ¿Estaría loco yo si además te pidiera algo? ¿Qué me puedes dar sino parte del botín y del robo con que han desolado a Cuba usted y sus "partidarios"?

Cuando nací en 1969, nací como "propiedad del Estado" que usted fundaba sobre las bases de la represión, el chantaje y el robo… y sobre los lomos de los miserables y muertos de hambre; miserables que en su mayoría nunca tuvieron nada porque no trabajaron ni se esforzaron; miserables que si hoy les preguntas acerca de la Constitución, no saben nada; miserables que todavía se reúnen bajo su mando para cometer actos de genocidio contra sus conciudadanos; miserables que sólo siembran miseria y soledad. Miserables como Usted, Guajiro, que se conformó con ser un tirano y un dictador.

Guajiro; Hoy tus matones y los de tu hermanastro, siembran el terror por toda Cuba, sin escrúpulos, ante los ojos del mundo que disfruta de libertad y sin violencia; un mundo que no es perfecto, pero mejor que la barbarie a la que nos ha sometido por más de medio siglo.

Intentamos hacer de Cuba, no un país próspero después de usted; eso nos va a llevar tiempo y mucho sacrificio…, los ciudadanos deben aprender iniciativa propia; Un pueblo que diga: no estamos aquí, apostados contra usted y su tiranía porque tengamos hambre sino para exigir y luchar por nuestros derechos.

Nos asisten la razón y los principios elementales de la justicia y el derecho.

En cuanto a usted, Guajiro, un ejército de autómatas y miserables le acompaña… Hoy lo han levantado sobre un pedestal. Mañana, lo arrojarán del pedestal y pondrán a otro… para más dolor de los cubanos.

"Hasta la derrota siempre"

CUBA-CONSTITUCION DE 1976 ILEGALIDAD CONSTITUIDA
Primera Parte

(Contextualización).

Nosotros, el pueblo, no consentiremos ninguna Constitución, excepto aquella que no estemos avergonzados o temerosos de firmar; y no autorizaremos a ningún gobierno a hacer nada en nuestro nombre por lo que no estemos dispuestos a responsabilizarnos personalmente.

En el encabezamiento de la "Constitución" a la que con sano y justo juicio llamamos "ilegalidad constituida" comienza diciendo:

(Constitución de la República de Cuba de 1976, aprobada en referéndum por el 97,7 % de la población con derecho al voto. Texto actualmente en vigor.)

Esta Constitución proclamada el 24 de febrero de 1976, contiene las reformas aprobadas por la Asamblea Nacional del Poder Popular en el XI Período Ordinario de Sesiones de la III Legislatura celebrada los días 10, 11 y 12 de julio de 1992.

Aquí se plantea que la Asamblea Nacional del Poder Popular es la responsable de todo lo *acordado* en esta Constitución. Es la propia Asamblea quien ha aprobado las "reformas" a la Constitución proclamada en 1976. Según esta declaración, dicha Constitución fue "aprobada en referéndum por el 97,7% de la población con derecho al voto"...

Allí, también *ellos* establecen:

Capítulo X

ÓRGANOS SUPERIORES DEL PODER POPULAR

Artículo 69o.- La Asamblea Nacional del Poder Popular es el órgano supremo del poder del Estado. Representa y expresa la voluntad soberana de todo el pueblo.

Artículo 70o.- La Asamblea Nacional del Poder Popular es el único órgano con potestad constituyente y legislativa en la República.

Artículo 71o.- La Asamblea Nacional del Poder Popular se compone de diputados elegidos por el voto libre, directo y secreto de los electores, en la proporción y según el procedimiento que determina la ley.

Es decir, el 97,7% de la población con derecho al voto aprobó dicha Constitución mediante un "voto (...) **secreto**"; lo cual significa que esta Constitución, en principios generales de derecho y de razón – esos principios por los que nos regimos en las cortes de justicia y en la vida diaria – no es un **contrato**, no vincula a nadie, no tiene ninguna autoridad o poder sino sobre aquellos que la han *proclamado* de manera fraudulenta ; y que todos aquellos que dicen actuar por su autoridad, están realmente actuando sin ninguna autoridad legítima en absoluto; que, en principios generales de derecho y de razón, son meros usurpadores, y que el pueblo tiene, no sólo el derecho, sino que está moralmente compelido a tratarlos como a tales.

O más bien es tal estatuto un contrato exclusivamente entre aquellas personas, o sea, los *representantes* del pueblo elegidos también mediante un voto secreto. Y si esta Constitución es únicamente un contrato acordado entre los *representantes del pueblo* es una ley únicamente para ellos.

Si el pueblo de Cuba desea mantener un gobierno como el que tal *Constitución* describe, no existe razón en el mundo por la que ellos no deban firmar el instrumento mismo, y así hacer conocer sus deseos de manera abierta y auténtica; en la manera en la que el sentido común y la experiencia de la humanidad ha demostrado que es razonable y necesario en tales casos; y de manera a hacerse a sí mismos (como deben hacerlo) individualmente responsables por los actos del gobierno.

Establece además, dicha Constitución, que esta casta de *funcionarios representa y expresa la voluntad soberana de todo el pueblo.*

Pero jamás se le pidió al pueblo que lo firmara. Y la única razón por la que nunca se les pidió que lo firmaran, ha sido que es sabido que jamás lo firmarían; que no son ni suficientemente tontos ni bribones como deben ser para estar dispuestos a firmarlo; que (por lo menos como ha sido prácticamente interpretado) no es lo que ningún hombre sensato y honesto quiere para sí; ni tiene derecho a imponer sobre otros. El pueblo está tan desprovisto de obligaciones para todo propósito e intención moral, como los pactos que los ladrones y los piratas hacen entre sí, pero nunca firman.

Si algún número considerable de personas cree que la Constitución es buena, ¿por qué no la firman ellos mismos, y hacen leyes y las administran sobre sí mismos, dejando a todas las otras personas (que no interfieran con ellos) en paz?

Si la Constitución misma, entonces, no tiene autoridad alguna, ¿sobre qué autoridad descansa tal totalitarismo (gobierno) en la práctica? ¿En base a qué pueden afirmar aquellos que lo administran, el derecho a secuestrar la propiedad de los hombres, a restringirlos de su libertad natural de acción, industria, e intercambio, y a matar a todo aquel que niegue su autoridad de disponer de la propiedad, libertad y vida de los hombres a su voluntad y discreción?

Lo más que pueden decir, en respuesta a esta pregunta, es, que alguna mitad, dos tercios, o tres cuartos, de los hombres adultos del país tienen un acuerdo tácito de que mantendrán a un gobierno bajo la Constitución; que ellos elegirán, mediante boletines de voto, a las personas que lo administrarán; y que esas personas que pudieran recibir una mayoría, o una pluralidad, de sus votos, han de actuar como sus *representantes*, y administrar la Constitución en su nombre, y por su autoridad.

Pero este acuerdo tácito (admitiendo que existiera) no puede de manera alguna justificar la conclusión extraída de ella. Un acuerdo tácito entre A, B, y C, de que ellos, por medio de boletines de voto, diputarán a D como su agente, para privarme de mi propiedad, libertad, o vida, no puede de ninguna manera autorizar a D a hacerlo. Es tan ladrón, tirano y asesino, al afirmar que actúa como su funcionario, como lo sería si actuara abiertamente bajo su propia responsabilidad.

No estamos obligados a reconocer a tales funcionarios-agentes como representantes de nadie, mucho menos de la mayoría del pueblo ni él puede afirmar legítimamente que es funcionario-agente de ellos, cuando no trae ningún poder escrito de ellos que lo acredite como tal. No estamos bajo ninguna obligación de tomar su palabra sobre quiénes podrían ser sus jefes, o sobre si tiene jefes. Tengo derecho a decir que él no tiene la autoridad que dice que tiene: y que por lo tanto está intentando robarme, esclavizarme o asesinarme por su propia cuenta.

Este acuerdo tácito, por lo tanto, entre los votantes de este país largo tiempo esclavizado, no cuenta para nada como autoridad para sus funcionarios-agentes. Tampoco cuentan los boletines de voto por los cuales eligen a sus funcionarios-agentes como aval más de lo que sirve como aval su acuerdo tácito; ya que sus votos son dados en secreto, y por lo tanto de manera tal que evaden cualquier responsabilidad por los actos de sus *representantes.*

No puede decirse que ningún grupo de hombres autorice a un hombre a actuar como agente suyo, para perjuicio de una tercera persona, a menos que lo hagan de manera a hacerse responsables abierta y auténticamente por sus actos. Por lo tanto estos supuestos funcionarios-agentes no pueden decir legítimamente que son realmente *agentes. Alguien* debe ser responsable por los actos de estos supuestos agentes; y si ellos no pueden mostrar ninguna credencial abierta y auténtica de sus jefes (el pueblo), no pueden, legal o racionalmente, decir que tienen jefes. Se aplica aquí la máxima de que lo que no aparece no existe. Si ellos no pueden mostrar a sus jefes, no los tienen, y su poder absoluto es a la vez *irresponsable.*

Pero incluso estos mismos supuestos agentes no saben quiénes son sus supuestos jefes. Estos últimos actúan en secreto; ya que actuar por voto secreto es actuar en secreto tanto como si fueran a encontrarse en cónclave secreto en la oscuridad de la noche. Y ellos son personalmente tan desconocidos para los agentes que eligen, como lo son para los otros. Ningún supuesto agente puede, por lo tanto, saber por los votos de quiénes él es elegido, o consecuentemente quiénes son sus jefes reales. No sabiendo quiénes son sus jefes, no tiene derecho a decir que tenga jefes. Él puede, cuando mucho, decir solamente que es el agente de una banda secreta de ladrones y asesinos, que están obligados por esa fe que prevalece entre los confederados del crimen, a defenderlo si a sus actos, hechos en su nombre, han de ser resistidos.

Los hombres realmente comprometidos a establecer la justicia en el mundo, no tienen ocasión de actuar en secreto, o de elegir agentes para que realicen actos por los que ellos (los jefes) no estén dispuestos a hacerse responsables.

El voto secreto hace a un gobierno secreto, y un gobierno secreto no es más que un gobierno ilegitimo, como el de los hermanos Castro; un gobierno secreto es una banda secreta de ladrones y asesinos. El despotismo abierto es mejor que esto. El déspota se hace notar ante todos los hombres, y dice: Yo soy el Estado: Mi voluntad es la ley: Yo soy su amo: Yo me hago responsable de mis actos: El único árbitro que reconozco es la espada: Si alguno niega mi derecho, que lo discuta conmigo.

Pero un gobierno secreto es poco menos que un gobierno de asesinos. Bajo él, un hombre no sabe quiénes son sus tiranos, hasta que lo hayan atacado, y tal vez ni entonces. Puede suponer, de antemano, sobre algunos de sus vecinos inmediatos. Pero en realidad no sabe nada.

De aquí se deduce la cobardía inherente en esta clase de tirano. No da la cara sino detrás de una multitud adoctrinada, amordazada; una multitud mercenaria que ha entregado su voluntad por un plato de lentejas. Esta multitud de presos voluntarios que no se valora a sí misma y no sabe adónde va.

¿Cuál es el motivo escondido detrás del voto secreto?

Como otros aliados del crimen, aquellos que usan el *voto secreto* no son amigos, sino enemigos; y tienen miedo de ser conocidos, y de que sus acciones individuales sean conocidas, incluso entre sí. Pueden inventar alguna manera de crear suficiente entendimiento como para actuar concertados contra otras personas; pero más allá de eso no tienen confianza ni amistad entre ellos. De hecho, están tan dedicados en esquemas para saquearse unos a otros, como lo están para saquear a los que no son de los suyos. Y se entiende perfectamente entre ellos que la parte más fuerte, en ciertas circunstancias, matará a las otras por cientos de miles (como últimamente lo han hecho en algunos países de Europa Oriental las dictaduras de África) para cumplir sus propósitos contra sus *camaradas*. De ahí que no se atreven a darse a conocer, y hacer conocer sus acciones individuales, incluso entre sí. Y esta es abiertamente la única razón para los boletines de voto: para un gobierno secreto, un gobierno de bandas secretas de ladrones y asesinos.

¡Y estamos suficientemente locos para llamar a esto libertad! ¡Ser miembros de esta banda secreta de ladrones y asesinos es estimado como un privilegio y un honor! ¡Sin este privilegio, un hombre es considerado un esclavo; pero con él, un hombre libre! Con él es considerado un hombre libre, porque tiene el mismo poder de procurar secretamente (mediante voto secreto) el saqueo, la esclavización, y el asesinato. ¡Y a esto llaman igualdad de derechos!

Ciudad Habana

CUBA-CONSTITUCION DE 1976 (2002) ILEGALIDAD CONSTITUIDA
Segunda Parte

(Contextualización).

Nosotros, el pueblo, no consentiremos ninguna Constitución, excepto aquella que no estemos avergonzados o temerosos de firmar; y no autorizaremos a ningún gobierno a hacer nada en nuestro nombre por lo que no estemos dispuestos a responsabilizarnos personalmente.

Con respecto a la "reforma" constitucional de 1992, la Gaceta Oficial de Cuba declara lo siguiente:

La Constitución también fue modificada con el fin de garantizar y ampliar el ejercicio de numerosos derechos y libertades fundamentales y los derechos civiles y políticos de los ciudadanos y extranjeros.

Luego añade cínicamente:

*El 10 de junio del 2002, el pueblo de Cuba, en un proceso plebiscitario popular sin precedentes, puesto de manifiesto tanto en la Asamblea Extraordinaria de las direcciones nacionales de las organizaciones de masas; como en actos y marchas realizados el día 12 del propio mes de junio a todo lo largo y ancho del país, en los que participaron más de nueve millones de personas y para la firma pública y voluntaria de 8 198 237 electores durante los días 15, 16 y 17 de ese mismo mes ratificaron el contenido socialista de esta Constitución en respuesta a las manifestaciones injerencistas y ofensivas del Presidente de los Estados Unidos de América, e interesaron de la Asamblea Nacional del Poder Popular reformarla, para dejar expresamente consignado el carácter irrevocable del socialismo y del sistema político y social revolucionario por ella **diseñado**,* *así como que las relaciones económicas, diplomáticas y políticas con otro Estado no pueden ser negociadas bajo agresión, amenaza o coerción de una potencia extranjera, ante lo cual el órgano supremo de poder del Estado, en sesión extraordinaria, convocada al efecto, adoptó por unanimidad el Acuerdo No. V-74, por el que se aprobó la Ley de Reforma Constitucional el 26 de junio del 2002.*

Tal afirmación ha sido expresada públicamente por la *Comisión de Asuntos Constitucionales y Jurídicos de la Asamblea Nacional del Poder Popular,* quienes, por supuesto, se responsabilizan con la veracidad de los actos relacionados en esta declaración.

Luego usted puede leer en letras capitales la siguiente declaración: *NOSOTROS, CIUDADANOS CUBANOS,...* dando a entender que quienes hablan es ¿quién? ¿La mayoría? ¿El pueblo? ¿Los "firmantes"? No. Sólo la casta de funcionarios, la Oligarquía dirigente, es responsable de esta *Constitución.* Esta es su Ley y todo su dominio sobre Cuba. ¿A quién vincula o representa? ¿Sobre quiénes tiene poder o autoridad? Si hablamos en principios generales de derecho y de razón, tiene poder, exclusivamente, sobre los elaboradores del "Anteproyecto" y sus "firmantes". ¿Qué suerte nos espera al resto de la población, a los restantes millones de cubanos en el exilio y a nuestros hijos?

Y puede suponerse que haya sido un contrato sólo entonces entre personas que ya habían llegado a edad de criterio, para ser competentes para hacer contratos razonables y obligatorios. Los datos históricos muestran que en el 2002 en Cuba sólo una pequeña porción de la gente que existía en ese entonces fue consultada al respecto, o se le permitió expresar su acuerdo o desacuerdo de alguna manera formal. Los "firmantes" de dicha *Constitución* no tenían ni tienen hoy derecho alguno ni poder natural para hacerla obligatoria sobre el resto de la población. ¿Qué nos espera? ¿Acaso un genocidio? ¿No es el exilio, la represión, la tortura y el destierro, Genocidio?

Y seguidamente, después de una ensarta de consignas y demagogia política, declaran:

DECLARAMOS

nuestra voluntad de que la ley de leyes de la República esté presidida por este profundo anhelo, al fin logrado, de José Martí: "Yo quiero que la ley primera de nuestra República sea el culto de los cubanos a la dignidad plena del hombre";

ADOPTAMOS

por nuestro voto libre, mediante referendo, la siguiente: Constitución (…)

No nos vamos a referir al pensamiento de José Martí tomado para adornar esta suerte de estafa, puesto que necesitaríamos abrir un caso legal internacional contra la tiranía que en Cuba ha intentado mancillar "la dignidad plena del hombre".

Nuestro objetivo es demostrar que tal *Constitución* no tiene ningún valor legal sino el de servir de contrato reglamentario entre la *Comisión de Asuntos Constitucionales y Jurídicos de la Asamblea Nacional del Poder Popular* y los *8 198 237 electores* que, según declaran los miembros de la *Comisión*, "firmaron"

-cito: *El 10 de junio del 2002,* **el pueblo de Cuba,** en **un proceso plebiscitario popular** *sin precedentes, puesto de manifiesto tanto en la Asamblea Extraordinaria de las direcciones nacionales de las organizaciones de masas; como* **en actos y marchas realizados** *el día 12 del propio mes de junio a todo lo largo y ancho del país, en los que* **participaron más de nueve millones de personas** *y para la* **firma pública y voluntaria de 8 198 237 electores** *durante los días 15, 16 y 17 de ese mismo mes* **ratificaron** *el contenido socialista de esta Constitución*

Tampoco vamos a examinar el contenido estalinista de dicha constitución. Sabemos que es una constitución parcializada y que responde a las demandas de un régimen totalitario que pretende vivir entre países democráticos y pasar como si así lo fuera. De hecho ha llamado "democráticas" a sus instituciones y a su *República*.

Nuestro objetivo es demostrar que dicha ley o contrato sólo ha sido utilizado y funciona como un instrumento de represión en manos de unos cuantos agentes-funcionarios sin escrúpulos. Muchos en Cuba hemos sido víctimas de este apartheid.

Lea conmigo:

ARTÍCULO 3. En la República de Cuba la soberanía reside en el pueblo, del cual dimana todo el poder del Estado. Ese poder es ejercido directamente o por medio de las Asambleas del Poder Popular y demás órganos del Estado que de ellas se derivan, en la forma y según las normas fijadas por la Constitución y las leyes.

Primera contradicción. En una República, la soberanía no reside en la personas sino en la Ley. En todo caso Cuba es una "democracia representativa". Hace ya mucho tiempo dejó de ser una República. Una República no puede ser *democrática* porque en una República están bien representadas las mayorías y las minorías. En ella todos somos iguales ante la Ley que hayamos firmad y convenido.

El pueblo es el cuerpo del Estado, y el Estado es el espíritu del pueblo. En la doctrina fascista, el pueblo es el Estado y el Estado es el pueblo. Todo por el Estado, nada contra el Estado, nada fuera del Estado.

El socialismo cubano es una ideología política fundamentada en un proyecto de unidad monolítica denominado corporativismo, por ello exalta la idea de nación frente a la de individuo o clase; suprime la discrepancia política en beneficio de un partido único y los localismos en beneficio del centralismo; y propone como ideal la construcción de una utópica sociedad perfecta, denominada cuerpo social, formado por cuerpos intermedios y sus representantes unificados por el gobierno central, que este designa para representar a la sociedad.

Al declarar *NOSOTROS*, está claro que se refiere a individuos y no a una corporación o empresa. *NOSOTROS, CIUDADANOS CUBANOS,* se refiere, evidentemente, a los funcionarios que componen la Asamblea del Poder Popular. El acto de votar o de *firmar* no podría vincular a nadie más que a los propios votantes. No puede decirse que nadie, por votar, se comprometa a defender la *Constitución* o el tipo de gobierno que esta promulga o establece por un periodo mayor que el que establece la misma *ley*: cinco años. Si, por ejemplo, yo voto por un funcionario que ha de ocupar su cargo por sólo cinco años, no puede decirse que de ese modo yo me he comprometido a defender al gobierno más allá de ese período. En la votación real, casi nadie, sino los mismos funcionarios, se ha comprometido a defender al gobierno o a dicha *Constitución*. Sólo un tonto o un esclavo podrían firmar una ley que los oprime a ellos mismos.

No puede decirse que, por votar, un hombre se comprometa a defender la *Constitución Socialista*, a menos que el acto de votar sea perfectamente voluntario de su parte. El acto de *votar* no puede ser llamado propiamente voluntario de parte de ningún número grande de personas que sí votan. Es más bien una medida de necesidad **impuesta** sobre ellos por otros, que una **elegida** por ellos.

"En verdad, en el caso de los individuos, su voto real no se debe tomar como prueba de consentimiento, incluso en ese momento. Por el contrario, debe ser considerado que, sin que su consentimiento haya sido solicitado un hombre se encuentra rodeado por un gobierno al que no puede resistirse; un gobierno que le obliga a pagar dinero, dar servicio, y renunciar al ejercicio de muchos de sus derechos naturales, bajo pena de pesados castigos". (No Treason" nº 2. Lysander Spooner).

"Sin duda el más miserable de los hombres, bajo el gobierno más opresivo en el mundo, si le fuera permitido usar la papeleta, lo haría, si pudiera ver alguna posibilidad de mejorar su condición por ese medio. Pero no por eso sería una inferencia legítima que el gobierno mismo que lo oprime sea uno que él voluntariamente ha elegido, o siquiera consentido". (Ibíd.)

El voto de un hombre bajo tal *Constitución,* no debe ser tomado como evidencia de que él alguna vez haya ratificado libremente al gobierno que establece dicha ley, *incluso en ese momento.* No tenemos pruebas de que ninguna porción grande, siquiera de los que realmente votan en Cuba, alguna vez realmente y voluntariamente consintieran una Constitución Socialista, *incluso en ese momento.* Ni podemos jamás tener tales pruebas, hasta que cada hombre sea dejado perfectamente libre para consentir, o no; sin someterse a sí mismo y a su propiedad a ser molestados, agredidos o robados por otros.

"Ya que no podemos tener conocimiento legal sobre quién vota por elección, y quién lo hace por necesidad impuesta sobre él, no podemos tener conocimiento legal sobre ningún individuo particular que haya votado por elección; o, consecuentemente, que votando, él consintió o se comprometió a defender al gobierno. Legalmente hablando, por lo tanto, el acto de votar falla absolutamente en comprometer a nadie a defender al gobierno. Falla absolutamente en probar que el gobierno descansa en el apoyo de alguien. En principios generales de ley y razón, no puede decirse que el gobierno tiene

*absolutamente ningún **defensor voluntario**, hasta que se pueda mostrar distintamente quiénes son sus defensores voluntarios".* (Ibíd.)

No existe la más mínima probabilidad de que la *Constitución* tenga un solo defensor de buena fe en el país. Es decir, no existe la más mínima probabilidad de que haya un solo hombre en el país, que a la vez entiende lo que la *Constitución* realmente es, y sinceramente la defiende por lo que es.

Los aparentes defensores de la *Constitución*, como los aparentes defensores de la mayoría de los otros gobiernos, se componen de tres clases, a saber:

1. Aprovechados, una clase activa y numerosa, que ve en el gobierno un instrumento que pueden usar para su propio engrandecimiento o riqueza.

2. Ingenuos – una clase grande, sin duda – cada uno de los cuales, porque se le permite tener una voz de millones en decidir qué podría hacer con su propia persona y sus propias pertenencias, y porque se le permite tener la misma voz en el robo, la esclavitud, y el asesinato de otros, que los otros tienen en robarle, esclavizarlo o matarlo a él, es suficientemente estúpido para imaginar que es "un hombre libre", un "soberano"; que este es un "gobierno libre"; "un gobierno en igualdad de derechos", "el mejor gobierno sobre la tierra", y ese tipo de absurdidades.

3. Una clase que tiene cierta apreciación de los vicios del gobierno, pero no ven cómo deshacerse de él, o eligen no sacrificar en mayor medida sus propios intereses para entregarse seria y fervientemente al trabajo de lograr un cambio.

CUBA-CONSTITUCION DE 1976 (2002) ILEGALIDAD CONSTITUIDA
Tercera Parte

(Contextualización).

Nosotros, el pueblo, no consentiremos ninguna Constitución, excepto aquella que no estemos avergonzados o temerosos de firmar; y no autorizaremos a ningún gobierno a hacer nada en nuestro nombre por lo que no estemos dispuestos a responsabilizarnos personalmente.

El Artículo de las Condenas.

*ARTÍCULO 53. Se **reconoce** a los ciudadanos **libertad de palabra y prensa conforme a los fines de la sociedad socialista**. Las condiciones materiales para su ejercicio están dadas por el hecho de que la prensa, la radio, la televisión, el cine y otros medios de difusión masiva son de propiedad estatal o social y no pueden ser objeto, en ningún caso, de propiedad privada, lo que asegura su uso al servicio exclusivo del pueblo trabajador y del interés de la sociedad.*

*La **ley regula el ejercicio** de estas libertades.*

Y luego de un puñado de mentiras respecto a las garantías de los derechos de los ciudadanos cubanos, añade:

*ARTÍCULO 62. **Ninguna de las libertades reconocidas a los ciudadanos puede ser ejercida contra** lo establecido en la Constitución y las leyes, ni contra **la existencia y fines del Estado socialista**, ni contra **la decisión del pueblo cubano de construir el socialismo y el comunismo. La infracción de este principio es punible.***

Note que el Artículo 53 comienza diciendo "Se reconoce". ¿Quién o Qué o Cuál reconoce? Podemos decir, en principios generales de derecho y razón, que nadie, ningún individuo, institución, organismo o gobierno ha sido delegado por *el pueblo* –de quien, según esta Constitución, emana el poder- con la autoridad para *reconocer* (idea que trae consigo la acción de no reconocer) a los ciudadanos, es decir, "el pueblo de quien emana el poder", las Libertades fundamentales. Aquí libertad es sinónimo de paz: "respeto al derecho ajeno".

La palabra correcta seria *conceder* (el derecho prohibido) pero acá significa *admitir*, o sea, permitir o consentir. Así llegamos por fin a la palabra que se intenta ocultar. Ahora estamos listos para extraer la idea limpia y sencilla que se esconde detrás de todo este mejunje de palabras.

El tipo de libertad de palabra o de prensa que se les permite disfrutar a estos ciudadanos es dentro del estrecho marco (ideológico, político y económico) del socialismo; lo que convierte a estos Artículos de las *libertades* de conciencia en el Párrafo de las Condenas mediante un juego de palabras.

Con todas estas ilegalidades y atropellos "legalizados" en contra del sentido común y el sano juicio de las personas y violando los principios más elementales del derecho y la conciencia, esta *casta* de funcionarios sin voz ni voto ni nombre ni responsabilidad verdaderamente legal ante la represión que el Artículo 53 establece, actúa como una especie de agentes-funcionarios del pueblo. Pero, ¿quiénes son sus jefes realmente? ¿De parte de quién reciben y aceptan órdenes sin discutir? Los funcionarios reciben las "instrucciones" directamente desde el "aparato".

El hecho es que toda persona que se salga del cerco que los autores de esta ley han tendido, incurre en un delito grave penado por la propia *ley*, como afirma posteriormente el Artículo 62. Las *libertades permitidas* dentro del *cerco socialista*, por supuesto, no pueden ser *ejercidas* para tratar de romper el cerco. Es decir, este *socialismo* no se puede cambiar ni por la acción del propio socialismo o de su híbrido, la "socialdemocracia". Con toda la *autoridad* auto-reconocida y autogenerada por el poder de las armas, la tiranía ha vociferado "*socialismo o muerte*" como un grito de amenaza y desesperanza, como una advertencia contra aquellos desnudos en la plaza pública, despojados de todo poder y sensatez posibles.

Este Artículo 62 es muy interesante porque expresa una de las mentiras más grandes de la historia de nuestra nación: "*la decisión del pueblo cubano de construir el socialismo y el comunismo*". Y yo me pregunto, ¿cuantos cubanos eligieron o consintieron ellos mismos votar por esa constitución y ese gobierno? El sentido común y la lógica que nos ayuda a reconocer cuando nuestros conocimientos son ciertos, nos dicen que sólo la casta de agentes-funcionarios sería capaz de "elegir" y, cuidado, quizá ninguno de ellos lo haría en condiciones diferentes, tal dictadura.

¿Qué se esconde entonces detrás de esa *uniformidad*, o mejor, detrás esta suerte de sociedad uniformada?

El Partido Comunista de Cuba ni ninguna otra organización política, social o religiosa tienen legitimidad para hacer nada en nuestro nombre. No hemos firmado ningún acuerdo o contrato con esa Oligarquía gobernante y menos le hemos dado el poder de ser nuestros representantes; incluso cuando firman tratados o acuerdos con representantes legítimos de otras naciones. Tales acuerdos *siendo firmados, como si fuera de nuestra parte, por personas que no tienen ninguna autoridad legítima para actuar por nosotros, no tienen intrínsecamente mayor validez que un supuesto tratado hecho por el Hombre en la Luna con el rey de las Pléyades.*

En principios generales de derecho y de razón, las deudas contraídas en nombre de "Cuba", o de "pueblo de Cuba", no tienen validez. Ciertamente, también, ni todo el pueblo de Cuba, ni ningún número de ellos, se ha unido por ningún medio escrito, abierto, u otro contrato voluntario, como una firma, corporación o asociación, bajo el nombre de "Pueblo de Cuba", o "el pueblo de Cuba", ni ha autorizado a sus agentes a contraer deudas en su nombre, pues no existen pruebas legales de que todo el "pueblo de Cuba" sea una corporación gigante.

Estos miembros de la Asamblea Nacional del Poder Popular, quienes pretenden actuar como nuestros representantes, en realidad representan sólo a una banda secreta de ladrones y asesinos quienes tienen además la intención de extorsionar a los futuros habitantes de Cuba.

Esta banda de ladrones y asesinos, quienes fueron los reales responsables en contraer estas deudas, es secreta, porque sus miembros nunca hicieron un contrato abierto, escrito, reconocido o auténtico, a través del cual ellos puedan ser individualmente conocidos para el mundo, o siquiera entre sí. Le llaman "pueblo cubano" y a él achacan todo tipo de responsabilidad y de crímenes.

Pero el objetivo de nuestro artículo no era demostrar que esta pandilla ha hundido al país en una deuda "impagable". Eso casi todos los cubanos lo sabemos; sino que además son los causantes, los responsables directos de la represión y la censura, puesto que ellos han "legalizado" tales castigos. Han puesto pesadas cargas sobre los hombros del pueblo, cargas que ellos mismos no se atreven a llevar; el "anteproyecto" ha sacrificado a la mayoría y conducido a la sociedad cubana hacia una profunda crisis de identidad.

En la Europa de los siglos XVIII y XIX, los gobernantes nominales, los emperadores, los reyes y los parlamentos, fueron cualquier cosa excepto los verdaderos gobernantes de sus respectivos países. Fueron poco o nada más que meras herramientas, empleadas por los ricos para saquear, esclavizar y (si fuera necesario) asesinar a aquellos que tenían menos riqueza, o no la tenían en absoluto.

Quienes son compelidos a votar, ¿saben que su voto será usado en contra de los demás e incluso de ellos mismos? ¿O simplemente buscan su "libertad" y la protección de sus derechos por encima del derecho y libertad de los demás?

Esta Constitución de 1976, reformada en el 2002, ha sido sólo un instrumento en las manos del gobierno para aumentar su poder y disminuir el de los individuos. De esta manera "venden" la figura emblemática de "nuestro rey de las Pléyades" a golpe de martillazos.

Es obvio que el único gobierno visible y tangible que tenemos está formado por estos supuestos agentes o representantes de una banda secreta de narcotraficantes, terroristas, ladrones y asesinos, quienes, para encubrir o disimular sus robos y asesinatos, han tomado para sí el título de "pueblo de Cuba"; y quienes, con el pretexto de ser "el pueblo de Cuba", afirman su derecho de someter a su dominio, y controlar y disponer a su voluntad, de la propiedad y la persona de todos los que viven en Cuba.

Este gobierno no tiene valor alguno, no es "vinculante".

En verdad el coro de la Asamblea Nacional del Poder Popular debería rezar así:

En lo que a nosotros concierne, estas dos, tres, o cinco mil personas que se hacen llamar "pueblo de Cuba" son una banda secreta de ladrones y asesinos, quienes secretamente, y para salvarse de toda responsabilidad por nuestros actos, nos han designado como sus agentes; y, a través de algún otro agente, o supuesto agente, nos han dado a conocer sus intenciones.

No puede decirse que, en ningún sentido legítimo o legal, se haya hecho algún contrato o acuerdo con "el pueblo de Cuba"; porque ni todo, ni ninguna porción grande de todo el pueblo de Cuba jamás, ni abierta ni secretamente, nombró o designó a estos hombres como sus oficiales para poner en vigencia la Constitución.

Y cada miembro de dicha *Asamblea Popular* podría decir:

Tengo "evidencias" de que existe, disperso en todo el país, una banda de hombres, que tienen un acuerdo tácito entre sí, y que se llaman a sí mismos "el pueblo de Cuba", cuyos propósitos generales son controlarse y saquearse mutuamente, y a todas las demás personas en el país y matar a todo hombre que intente defender su persona y propiedad contra su sistema de saqueo y dominio. Quiénes son estos hombres, individualmente, no tengo medios ciertos de saberlo, ya que no firman papeles, y no dan ninguna evidencia abierta y auténtica de su membresía individual. Recibo órdenes de "arriba".

Si algún número de hombres, muchos o pocos, reclaman el derecho de gobernar a la gente de este país, que hagan y firmen un pacto abierto entre ellos para hacerlo. Que así se hagan individualmente conocidos a aquellos que se proponen gobernar. Y que así tomen abiertamente la responsabilidad legítima de sus actos.

¿Cuántos de esos que dicen defender ahora la actual Constitución, lo harán alguna vez voluntariamente? ¡Ni uno solo! Pues saben que el Régimen actual cubano no descansa en el poder del pueblo, al que se propone "proteger" con el poder "legal" de las armas. Actúan por miedo o por una "necesidad" impuesta.

Esta banda de asesinos y narcotraficantes actúa en Cuba con todo el derecho que le da la fuerza y la brutalidad y son tan cínicos que todavía pretenden ser reconocidos en el mundo civilizado como una institución "democrática" mientras a espaldas del mundo, imponen una lamentable y cruel Tiranía.

CUBA-CONSTITUCION DE 1976 (2002) ILEGALIDAD CONSTITUIDA
Cuarta Parte

(Contextualización).

Nosotros, el pueblo, no consentiremos ninguna Constitución, excepto aquella que no estemos avergonzados o temerosos de firmar; y no autorizaremos a ningún gobierno a hacer nada en nuestro nombre por lo que no estemos dispuestos a responsabilizarnos personalmente.

El texto vigente de la Constitución cubana, Artículo 68 reza así:

*ARTÍCULO 68. Los órganos del Estado se integran y desarrollan su actividad sobre la base de **los principios de la democracia socialista** que se expresan en las reglas siguientes:*

*a) todos los **órganos representativos** de poder del Estado son electivos y renovables;*

*b) **las masas populares controlan** la actividad de los **órganos estatales**, de los diputados, de los delegados y de los funcionarios;*

c) los elegidos tienen el deber de rendir cuenta de su actuación y pueden ser revocados de sus cargos en cualquier momento;

ch) cada órgano estatal desarrolla ampliamente, dentro del marco de su competencia, la iniciativa encaminada al aprovechamiento de los recursos y posibilidades locales y a la incorporación de las organizaciones de masas y sociales a su actividad;

d) las disposiciones de los órganos estatales superiores son obligatorias para los inferiores;

e) los órganos estatales inferiores responden ante los superiores y les rinden cuenta de su gestión;

*f) la libertad de discusión, el ejercicio de la crítica y autocrítica y **la subordinación de la minoría a la mayoría** rigen en todos los órganos estatales colegiados.*

Según este Artículo, aquí están expresados los *Principios de la Democracia Socialista*. Analicemos algunos de estos *principios*.

a) ¿Quiénes o qué son los *órganos representativos* de poder del Estado? Creo que se refiere a personas, pero no me atrevo a asegurarlo. Aquí el único que tiene mente y razón y voluntad y verdadera opinión es el Estado en jefe. Los *órganos*, es decir, los que *ejercen* las funciones (poder) del Estado, son *renovables* y *electivos*, como máquinas. Me pregunto cómo algo puede ser electivo y renovable a la vez. Esta "redundancia" denota que los órganos no tienen real poder, sino que funcionan únicamente como agentes de las *masas populares* o de la corporación que se hace llamar *"el pueblo de Cuba"*.

b) La actividad de estos agentes es controlada por las *masas populares* ¿Qué significa el término *"masas populares"*? Noten que es simplemente otra redundancia. Esta Constitución está llena de frases vacías que en el fondo no significan nada. Han sido puestas una tras otra sólo para intentar legitimar al gobierno; expresar que las gestiones de los *agentes-funcionarios* son acciones del "pueblo de Cuba"; manipular las palabras y hacer ambiguos e inexplicables los contenidos. Pretende un apoyo popular, "la mayoría", que no tiene. Nunca hemos visto a esta tiranía ni siquiera atender debidamente una queja o una sugerencia política. Es muy desvergonzado expresar abiertamente que las "masas populares" controlan. Da mareo tanto desborde de cinismo.

c) Cacería de brujas... (ch) Poner a las masas a pensar cómo deberían empezar a comerse entre ellos porque no se importará más...

d) Los *órganos*, es decir, los autómatas estatales...

e) Los autómatas estatales le rinden cuentas a otros autómatas estatales superiores, y estos últimos, al Estado en jefe.

f) Aquí me vuelvo a perder y no sé si habla de persona o cosa. Se habla de *libertad* de discusión, pero también se habla de **subordinación** de la minoría a la mayoría (principio del genocidio).

Esto de la subordinación de la minoría a la mayoría es una regla que impera no sólo en las reuniones y *discusiones* entre los *órganos*, sino que es una regla impuesta a toda la sociedad cubana. Aquí subordinación significa humillación y sometimiento. Ellos manipulan, chantajean, coaccionan, reprimen... a la *mayoría* para que "apruebe" sus **leyes contra la *minoría*** que no las aprueba. Se imponen por la fuerza de las armas y el terror sobre una población de hambrientos y miserables sin poder. Ilegalizan todo acto de libertad genuina que descubra o denuncie sus actos genocidas. Tienen el control total de los medios de comunicación para demonizar a los que se les oponen.

Así el *Régimen* nada más ha establecido la ilegalidad o violación de los derechos fundamentales del hombre. Han creado una especie de *Carta Magna del Genocidio*. En ella **no existen *individuos* sino masas uniformadas y por uniformar.** Los que haciéndose llamar *ciudadanos* y aprueban y ejecutan tal genocidio contra la "minoría" de su propio pueblo, no son sino miembros u *órganos* de una banda secreta de vengadores asesinos, que se hace llamar "*pueblo de Cuba*". El resto es denominado **traidor** a la patria.

Esta *"democracia socialista"* es simplemente una burla al sentido común. Es la muerte brutal y por hostigamiento de las *fuerzas* que pueden transformar a Cuba y su *entorno*. Lo que le molesta al tirano es que estas fuerzas están educadas y desarmadas. Hombres y mujeres que no soportan más la mentira, el abuso y la corrupción a la que han sometido a la débil nación cubana.

Pero la real mayoría es el pueblo sufrido sin futuro ni esperanza que no sea servir de limosneros..., o de carne para los tiburones del estrecho, o de jóvenes soldados como los que murieron en áfrica para enriquecer a la Oligarquía. Ya conocen bien a sus verdugos y señores. Muchos de los jóvenes asesinados en áfrica fueron cambiados a sus familias por refrigeradores y otros equipos domésticos. Siendo soldados y en las peores condiciones, ganaban una miseria, mientras aquellos se enriquecían hasta lograr la fortuna de la que hoy hacen gala en el mundo entero. (He visitado personalmente bares y restaurantes que los Castro y las FAR tienen en España y otros lugares). Es vergonzoso. Nuestro pueblo está siendo consumido lentamente por esta pandilla paramilitar de narcotraficantes... Y ahora, se van al *capitalismo* con todo el dinero robado, y el mundo entero los aplaude y los apoya.

Como ciudadano cubano no aconsejaría a ningún representante legítimo de ningún país a prestarles dinero o a tan siquiera hacer negocios con tales usurpadores, pues las deudas que contraen y han adquirido son las deudas del gobierno usurpador, pero no las del pueblo. El pueblo también ha sido despojado, víctima de un latrocinio.

Yo, Víctor H Ramallo Meneses, ciudadano cubano-americano, no he firmado ni he autorizado a nadie, mediante ningún contrato o acuerdo, a actuar como mi representante ni a pedir dinero prestado en mi nombre. Sólo soy parte de esa mayoría exiliada y sufrida; de esas familias separadas y destruidas; de esos millones que desde esa Isla-prisión reclaman, ya sin voz, Libertad...

CARTA DEL GENERAL

(Contextualización).

A, ve con B a hablar con C, y dile que "el gobierno" necesita su firma para protegerlo a él y a su propiedad. Si dice que nunca nos contrató para protegerlo a él y a su propiedad, y que no quiere nuestra protección, dile que ese es asunto nuestro, y no suyo; que nosotros elegimos protegerlo, lo desee o no; y que exigimos su firma para protegerlo. Si osa preguntar quiénes son los individuos que se han tomado así el título de "el gobierno", y quiénes asumen protegerlo y demandarle algún tipo de vínculo "legal" con ellos, dile que, también, es asunto nuestro, y no suyo; que nosotros no elegimos darnos a conocer personalmente a él ni a nadie; que nosotros, secretamente (a través de voto secreto), fuimos elegidos y que ahora te elegimos a ti como nuestro agente para notificarle de nuestras exigencias y, si cumple con ellas, darle, en nuestro nombre, "garantía" de que será protegido de cualquier exigencia similar durante la presente década. Si se rehúsa a obedecer llama a los transeúntes para que te ayuden (sin duda algunos de ellos probarán ser miembros de nuestra *banda*). Captúralo a toda costa; impútalo (en una de nuestras cortes) por homicidio u otro crimen; condénalo, y ahórcalo si fuera preciso. Si él llamara a sus vecinos, o a cualquier otro que, como él, pueda estar dispuesto a resistir nuestras exigencias, y vinieran en gran número a asistirle, clama que todos son rebeldes y traidores; que "nuestro país" está en peligro; llama al comandante de nuestros asesinos a sueldo; dile que sofoque la rebelión y "salve al país", cueste lo que cueste. Dile que asesine a todo aquel que se resista, aunque sean cientos de miles; y así siembra el terror en todos aquellos dispuestos de manera similar. Asegúrate de que el trabajo de asesinato sea llevado a cabo por completo; que no tengamos mayores problemas similares de ahora en adelante. Todo esto debes hacerlo en silencio. Cuando estos traidores hayan sido aleccionados sobre nuestra fuerza y determinación, serán ciudadanos buenos y leales por muchos años...

Acerca de la consigna "socialismo o muerte".

A primera vista la frase pareciera indicar una comparación entre estos dos estados de conciencia: "socialismo o muerte".

Con una segunda miradita, pareciera que alguien con un poder omnipotente nos estuviera siempre amenazando, mostrándonos sólo dos caminos para Cuba: "socialismo o muerte".

A la tercera mirada, la mal acabada frase, proveniente de un pensamiento entusiasta y macabro a la vez, nos sugiere que un poderoso mal se ha apoderado de la débil nación y sus instituciones, aislándola del resto del mundo y hundiéndola en el lodo cenagoso de una brutal tiranía militar: "socialismo o muerte".

Si volvemos a visualizar la consigna, pareciera que quien la proclama tiene derecho aun sobre nuestras vidas, las cuales, tampoco le importan para nada. Cree haberse apoderado del destino de cada uno de los cubanos; en su demencia pretende que Cuba le sirva y obedezca como una prostituta que ha vendido sus dones al mejor postor.

No, señores Castro, secuaces y verdaderos criminales, Cuba no es una puta servil y domesticada. Si ha sido engañada y el corazón de alguno de sus hijos se ha envilecido ha sido por un poco de tiempo. Ya Cuba está cansada de sus malabarismos y ejercicios mentales. Se han dado cuenta –desde hace tiempo- que ustedes simplemente son unos ladrones que han pretendido, incluso, robarnos la dignidad. Y como ya no tenemos nada porque ustedes y vuestra pandilla se lo han comido todo; sólo nos queda la vergüenza de nuestra desnudez hecha pedazos, y una conciencia a punto de estallar.

EL SER CUBANO

(La deslealtad del Hombre Nuevo).

En el ser cubano la cooperación genética da un salto enorme al surgir el habla. El habla cubana es la más asombrosa de todas las estrategias de cooperación, y ha hecho del ser cubano un organismo dominante – hablando en términos de "sociedad".

El cubano es un gran número de genes que cooperan para reproducirse eficazmente generación tras generación.

Pero de repente se cierne una sombra de horror sobre lo que parecían inocentes teorías acreditadas e interesantes acerca de la cubanía: ¿Es el ser cubano nada más que una serie de rasgos físicos y predisposiciones de conducta, cuyo único fin es reproducirse generación tras generación?

La cooperación genética cubana es la fuerza que conduce al hombre a crear una sociedad altamente civilizada y "compleja".

El ser cubano es un animal bastante frágil, aunque por su capacidad decorativa se lo suele ubicar encima de edificios, torres, pasarelas, miradores, escenarios y sillas de madera. Es capaz de hablar y cantar, lo que lo hace bastante molesto.

Se denomina ser cubano al primate sin cola y sin vergüenza que se cree el culmen de la evolución. Se dice del cubano que es el único animal que tropieza dos veces con la misma piedra y le echa la culpa a la piedra.

Descripción física

El ser cubano estándar es una criatura bastante fea, llena de granos e imperfecciones. Tiene dos manos, que durante la mayor parte del tiempo sólo utiliza para rascarse las partes; y dos pies, que durante la mayor parte del tiempo sólo utiliza para desprender una peste desagradable con la que espanta a sus enemigos (aunque, si es muy habilidoso, puede que consiga usarlos para tocar el piano –a los dedos y a los enemigos).

Alimentación

Cualquier cosa.

Reproducción

El ser cubano nace de huevos, que son traídos por cigüeñas desde España. El ciclo reproductivo comienza cuando una hembra desarrollada encarga uno de estos paquetes al servicio postal español. El huevo tarda unos nueve meses en desarrollarse, durante los cuales el feto se dedica a ver televisión y a leer noticias rojas y amarillas. Normalmente luego de la pubertad la hembra sale preñada, después de haber sido engañada el macho diciendo que no estará más nunca con otras hembras.

Razas

Una sola: la raza cuban: el cubano. Trae grandes beneficios económicos si es alquilado a algún circo local.

Habilidades especiales

Si hay algo único en los cubanos, es su gran inteligencia y su capacidad para la comunicación y los negocios ilícitos.

El ser cubano se destaca entre otros animales por una serie de habilidades particulares propias exclusivamente de él. Una de ellas es una capacidad infinita para la idiotez, que lo lleva a comprar ropa de marca, ver la Mesa Redonda Informativa y hacer colas en discotecas exclusivas para que no lo dejen entrar. Otra habilidad exclusiva del ser cubano es la capacidad de hablar (al menos, hasta que los delfines digan lo contrario), aunque con las tonterías que suele decir, sería mejor que se quedara callado. Por otra parte, quizás la habilidad específica más desarrollada del ser cubano sea la de perder el tiempo. Los sudokus, las revistas de la "prensa rosa" y los juegos on-line son ejemplos claros de esta capacidad tan especial. Son adictos al internet, por eso el gobierno ha interrumpido todo tipo de contrabando de ideas.

Se dice también que los cubanos son capaces de rascarse la barriga con las dos manos al mismo tiempo, y que algunos (los llamados "superdotados") pueden caminar y mascar chicle a la vez. Esto último aún no ha sido confirmado científicamente, pero los zoólogos más expertos están buscando pruebas al respecto.

Subespecies

Cubano homo-erectus: de género masculino, que sufre una gran tendencia a abultar excesivamente los calzoncillos al estar en presencia de una hembra de su especie.

Cubano homo-géneo: esta subespecie evita los ataques mezclándose en la multitud, por lo que es imposible encontrarlo.

Cubano homo-fóbico: enemigo del anterior, este tipo de humano nace con una enfermedad congénita que lo lleva a actos violentos. No se recomienda tenerlo cerca. Muchos de ellos han sido presidentes.

Cubano homo-habilis: subespecie sumamente desarrollada, caracterizada por "jinetear" a las demás.

Nota: Incluimos a los cubanos exiliados dentro y fuera de Cuba.

Consejos para su cuidado

Cepillarlo con frecuencia.

Si usted va a adquirir un cubano, deben tenerse en cuenta varias consideraciones sobre su trato y cuidado específicos. Conviene vacunarlo desde joven, cepillarle el pelo (o, en su defecto, raparlo) y alimentarlo unas tres veces al día (cuatro, en el caso de los cachorros). Para evitar los malos olores, a las crías se les suelen poner pañales, aunque a partir de cierta edad ya se les puede enseñar a usar el baño (en caso de tener un macho, se lo puede sacar a pasear junto con el perro, para que haga sus necesidades en los árboles).

Sepa además que, luego de adquirir el primero, los demás vendrán por si solos.

A partir de la adolescencia, el cuidado del cubano típico se vuelve bastante más sencillo. Alcanza con dejar a su alcance algún tipo de videojuego, y ya él se entretiene solo. Incluso dejará de sentir la necesidad de comer o ir al baño.

Si con esto no es suficiente, se recomienda dejar a su alcance un ordenador con conexión a internet y algún tipo de enciclopedia libre que pueda editar a su antojo. Con esta sencilla treta usted conseguirá que su joven cubano se pase horas y horas sin molestar a nadie, aunque al final alcance su libertad.

Torturados y Torturadores

(Una adaptación contextual).

Experimento Pitesti

Stéphane Courtois: "La extraordinaria barbarie es que las personas se han visto obligadas a destruirse entre ellas mismas. Debido a que esta era la base de la experiencia psicológica: hacer que la víctima sea su propio verdugo. Este es el problema de interés. Esta era la razón para el comunismo. Tienes medios limitados: tomar las víctimas para convertirse en sus propios verdugos. No hay necesidad de hacer su trabajo como verdugo. Y este es el fondo del Experimento Pitesti: todas estas formas de tirar las máscaras una tras otra, de negación de los amigos hasta su propia negación, de auto-negación, de poder torturar a sus amigos para ir al lado de los torturadores".

En Cuba... posibles casos de ingeniería psicológica.

El revolucionario es un hombre perdido desde cuándo empieza. El revolucionario es un hombre que no tiene nombre, ni amigos, ni familia. Así que mira como es descrito el hombre que deliberadamente se rompe de la sociedad, quiere destruirla y luego quiere dominar totalmente el futuro (Dostoievski).

Experimento entre jóvenes nacionalistas y cristianos para formar al hombre nuevo: comunista.

Esto es lo que ha ocurrido con nuestra juventud. Es un horror, porque estos que han salido airosos del experimento sicosocial, ahora son los que tienen una causa justa para torturar: el Proyecto Socialista: el proyecto de sociedad más moderno y complejo que ha existido jamás.

Uno se pregunta hasta qué punto los psicólogos profesionales pertenecientes a las cimas de la policía política soviética, y posiblemente de otros países, no han intentado desempeñar el papel de experimentadores en un intento de transformar al hombre, haciendo un pequeño ensayo en probeta como en el laboratorio de Pitesti...

Porque los que han hecho que funcione el régimen comunista no eran gente normal. Eran grandes psicópatas, paranoicos, grandes megalómanos, y esto se debe dar a conocer. Mao fue un gran megalómano que se consideraba el fundador del Imperio Chino " Che Yong Ti" (?) etc., ha funcionado como un emperador con todo lo que implica esta posición, concubinas, etc... Se trata de un tipo muy especial de persona, no un político normal, regular. Lo mismo con Stalin: era un gran paranoico. Pero volvamos a Lenin, el fundador del sistema. Siempre se dice que "el bueno" Lenin fue un hombre agradable, encantador. No es cierto. Cuando le leamos cuidadosamente los escritos de los años 1900, 1901, 1902, la personalidad de Lenin es como la de un hombre dominado por un deseo impresionante de poder! Sólo le anima el deseo de poder ilimitado! O bien, obviamente, esta es la base del totalitarismo.

Ese es el experimento Pitesti: una ingeniería síquica autodestructiva del individuo por él mismo. Este es para mí el mayor horror. Si estás torturado, asesinado por el enemigo, eso está bien, sabes que él es tu enemigo. Pero si te torturas a ti mismo sin poder impedirlo..., o si torturas a tu hermano a tu padre o hijo..., si te tortura aquel que dice ser tu amigo ¿Qué es esto? Es realmente la destrucción de la identidad del individuo. Para mí esto es ingeniería psicológica. Requerir a las personas a que se autodestruyen y a continuación, por supuesto, sean sujetos al poder comunista, que impone este experimento.

El comunismo no puede funcionar en sus parámetros, sin personas de un tipo psicológico particular. Como tal el estudio de la psicología de los jefes comunistas, de los líderes comunistas, de los cargos de la policía, la psicología de ese tipo de hombre - como le llamaba Dostoievski, es indispensable para entender cómo podría funcionar el régimen comunista. Luego fue transferido este modelo sobre el Partido, que había tomado el control del Estado, un Partido – Estado. A partir de aquí, los medios de dominación crecieron enormemente, a un poder casi infinito y lo que Lenin inició, Stalin sistematizo, generalizó y, por supuesto, todos los líderes comunistas le han seguido el ejemplo: Mao, Ceaucescu, etc.

Este proyecto no sólo tiene como objetivo cambiar la sociedad, sino también la transformación humana, el individuo, la naturaleza humana. Tal proyecto, no obstante, es digno de Dios.

¿Hasta qué punto los psicólogos profesionales pertenecientes a las cimas de la policía política soviética, y posiblemente de otros países, no han intentado desempeñar el papel de experimentadores en un intento de transformar al hombre?

Llevaron estudiantes nacionalistas y cristianos y se intentó, mediante la tortura física síquica adecuada, convertirlos en personas nuevas, en comunistas.

Sin embargo, la metodología represiva del Departamento de la Seguridad del Estado (DSE) ha puesto el énfasis en la tortura psicológica, no la física, se trata de destrozar el espíritu, no el cuerpo.

El objetivo fundamental del DSE es conseguir la rendición moral del detenido, derrotarlo moralmente. No se pretende convencerlo ideológicamente, el objetivo es más modesto. Es un nivel moderno de tortura.

Se trata de convencer al individuo de la omnipotencia del aparato represivo y de que los detenidos están absolutamente inermes.

Si lo consigue, éste termina arrepentido de haber emprendido una lucha obviamente imposible y resentido contra quienes lo instigaron a la misma. Resentimiento que, a su vez, puede conducir a la delación de otros opositores. No sólo eso. Convencido del poderío abrumador del aparato represivo, eventualmente el opositor moralmente derrotado llega a la conclusión de que la Seguridad del Estado es inclusive generosa al no aplastarlo como a un insecto. Como anticipara Orwell en 1984, "el supremo triunfo de la Seguridad es cuando el disidente termina amándola".

Y, sin embargo, las apariencias engañan. El DSE es mucho menos poderoso de lo que quiere aparentar y sus opositores están mucho menos desvalidos de lo que parecen. En primer lugar, la revolución cubana se encuentra en una crisis terminal e irreversible.

El colapso de la URSS y del campo socialista ha significado el fracaso del modelo político, económico, social e ideológico escogido por Fidel Castro. Su consiguiente pérdida de autoridad moral es irreparable. Castro y su sistema represivo representan el pasado y su desaparición, más tarde o más temprano, es inevitable. Por otra parte, la disidencia cubana es una de las más tenaces y valientes del mundo. El gobierno no solo ha sido incapaz de aniquilarla sino que se ha multiplicado y extendido a todo lo largo y ancho del país. El movimiento de derechos humanos, surgido como una reacción de autodefensa popular, ha puesto a Fidel Castro en el banquillo de los acusados y, aunque sin proponérselo directamente, ha mermado sustancialmente su poder. Los disidentes cubanos no son vistos como un grupúsculo insignificante sino como un interlocutor esencial a la hora de discutir la problemática cubana. Cada vez es más claro para todo el mundo que la oposición representa el futuro.

Todas las fechorías y arbitrariedades de la Seguridad deben ser recordadas, anotadas y difundidas. Los disidentes no sólo son víctimas, sino también testigos y notarios.

La Seguridad del Estado no vacila en recordarles a los detenidos sus anteriores vínculos con el régimen, el romanticismo de su juventud, la nostalgia de lo que pudo haber sido y no fue. Pero el único objetivo es que abandone la lucha y se rinda para aplastarlo más fácilmente.

Más tarde o más temprano, el detenido pierde su ropa habitual y tiene que vestir un uniforme amarillo, generalmente mayor de su talla, para que se sienta incómodo y ridículo. Es el momento de ser trasladado a una celda corriente, momento en que también pierde su nombre. En lo adelante será llamado por un número. El uniforme y el número pretenden humillarlo, despersonalizarlo y hacerlo tomar consciencia de su absoluta impotencia.

Amigo lector, si has llegado hasta aquí, significa que toda esta información y análisis, le ha resultado útil. Que así sea. Ese ha sido siempre el anhelo del recopilador-escritor. Lo más importante es aprender a pensar, un don y un arte poco visto en estos tiempos.

www.ingramcontent.com/pod-product-compliance
Lightning Source LLC
Chambersburg PA
CBHW081358280526
45788CB00009B/2917